차례

01
하늘에서 보이는 것들
별, 은하, 행성, 혜성
: 우주의 중요한 기본 요소들

4-5 쪽

02
우리는 우주에서 어디에 있을까?
지구는 우리은하 속 하나의 작은 행성에 지나지 않아요. 또, 우리은하는 우주에 존재하는 수천억 개의 은하 중 하나에 지나지 않아요.

6-7 쪽

03
이 모든 것은 어떻게 시작되었을까?
우주는 어떻게 탄생했고, 은하와 별, 태양계는 어떻게 생겨났을까?

 태양계의 탄생

8-10 쪽

04
태양계
태양계의 여덟 행성
: 태양계 내의 위치와 놀라운 특징

 태양계의 행성들

11 쪽

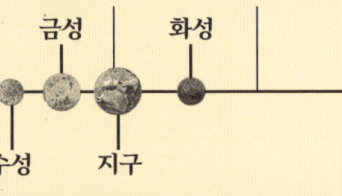
수성 금성 지구 화성

목성

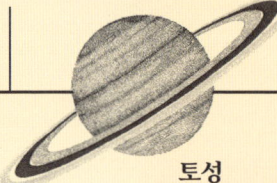
토성

10
화성
이 붉은 행성은 우리가 가장 잘 아는 행성인데, 로봇이 여러 대 착륙해 자세히 조사했기 때문이지요.

 차가운 사막

36-39 쪽

11
소행성대
화성 궤도와 목성 궤도 사이에 있는 이 지역에는 100만 개 이상의 소행성이 태양 주위를 돌고 있어요.

40-41 쪽

12
목성
태양계에서 가장 큰 거대 기체 행성으로 전체가 구름으로 뒤덮여 있고, 바람과 폭풍이 세차게 몰아쳐요.

 바람과 빛   기체의 움직임   구름 띠

42-49 쪽

13
토성
토성은 보통 망원경으로도 볼 수 있어요. 토성의 고리는 유명해서 이 고리를 보고 쉽게 알아볼 수 있지요. 토성의 가장 큰 위성은 타이탄이에요.

 거대한 기체 덩어리

50-55 쪽

05
행성의 궤도

태양 주위를 도는 행성들의 길

12-13 쪽

06
태양

지구에 빛과 열을 주는 단 하나의 별에 관한 모든 것

 코로나   채층   광구

14-21 쪽

07
수성

태양계에서 가장 작은 행성. 아주 뜨겁고 도처에 크레이터가 널려 있는 행성

◇ 끝없이 크레이터가 널린 풍경

22-25 쪽

08
금성

지구에서 가장 가까운 행성인 금성은 지구와 닮은 점이 많아요. 하지만 금성은 아주 뜨겁고, 하루의 길이(자전 주기)가 1년의 길이(공전 주기)보다 더 길어요.

◇ 지옥의 불구덩이처럼 뜨거운 곳

26-29 쪽

09
지구

태양계에서 유일하게 생명체가 살고 있는 독특한 행성. 천연 위성인 달은 지구의 조석에 영향을 미쳐요.

◇ 생명체가 사는 행성

30-35 쪽

천왕성

해왕성

14
천왕성

태양계에서 가장 차가운 이 행성은 유일하게 옆으로 드러누운 자세로 태양 주위를 돌아요.

◇ 거대 얼음 행성

56-59 쪽

15
해왕성

태양계에서 가장 바깥쪽에 있는 행성. 해왕성의 위성 트리톤은 흥미로운 수수께끼를 지니고 있지요.

◇ 캄캄한 얼음 세계

60-65 쪽

16
왜소 행성

명왕성과 케레스 같은 일부 천체는 행성처럼 보이지만, 행성의 조건을 다 갖추지 못해 왜소 행성으로 분류되어요.

66-67 쪽

17
태양계의 가장자리

해왕성 너머에는 카이퍼대와 오르트 구름이 있어요.

 카이퍼대   혜성 오르트 구름

68-73 쪽

○ 플랩이 있는 페이지
 반투명지에 그린 풍경
 파노라마 풍경

천문단위
AU*

*1AU는 지구와 태양 사이의 평균 거리를 말해요. 약 1억 5000만 km에 해당하지요. 천문 단위는 태양계와 가까운 우주 지역에서 거리를 측정하는 단위로 쓰여요. 미터로 나타낸 정확한 값은 다음과 같아요.

149,597,870,700 m

01 하늘에서 보이는 것들

해가 지면, 밤하늘에 광대한 우주의 모습이 펼쳐져요. 초기의 천문학자들처럼 맨눈으로 보더라도, 수백만 km 밖에 있는 천체들을 볼 수 있어요. 하지만 망원경이 발명되면서 새로운 행성과 위성이 많이 발견되었지요. 지금은 지상에 설치하거나 우주 공간에 띄운 고성능 망원경과 우주 탐사선 덕분에 우리은하 밖에 있는 천체들도 볼 수 있어요.

그림1

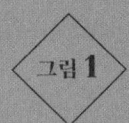

별

이 거대한 기체 덩어리 천체는 **빛과 열**의 형태로 많은 에너지를 내뿜어요. 우주에는 수백억×1조 개의 별이 있어요. 구름이 없는 밤이면, 지구에서도 많은 별을 볼 수 있어요. 별은 아주 먼 곳에 있어서 반짝이는 점처럼 보여요. 하지만 낮에도 볼 수 있는 별이 있어요. 바로 우리에게서 가장 가까운 별인 **태양**이지요.

고대 그리스의 천문학자들은 밝은 별들을 선으로 연결하여 어떤 형태를 만든 뒤, 거기다가 신화에 나오는 사람이나 물건의 이름을 붙였어요. 이러한 별들의 집단을 별자리라고 불러요. 밤하늘에서 볼 수 있는 별자리는 일 년 중 시기에 따라, 그리고 서 있는 곳이 북반구인가 남반구인가에 따라 달라져요.

그림2

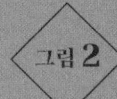

은하

은하는 수많은 별과 기체와 먼지가 모여 있는 집단이에요. 은하마다 별의 수는 적게는 1000만 개에서 많게는 100조 개까지 다양해요. 은하는 모양에 따라 타원 은하, 나선 은하, 불규칙 은하 등으로 분류해요. 지구와 태양계는 거대한 나선 모양으로 생긴 우리은하에 속해 있어요. 희뿌옇게 빛나며 **밤하늘을 가로지르며 지나가는 띠를 은하수**라고 부르는데, 은하수는 별들이 가장 많이 모여 있는 우리은하의 중심부를 옆에서 바라본 모습이에요.

오늘날에는 고성능 망원경으로 우리은하 밖에 있는 은하들도 관측하고 연구할 수 있어요. 가장 가까운 이웃 은하인 **안드로메다은하**는 250만 광년이라는 아주 먼 거리에 있지만 맨눈으로 볼 수 있어요.

그림3

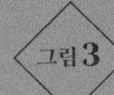

소행성, 유성체, 유성

소행성은 암석과 얼음으로 이루어진 작은 천체로, 화성과 목성 사이에서 태양 주위의 궤도를 돌고 있어요. 소행성에서 떨어져 나온 파편이 우주 공간을 떠돌아다니는 것을 **유성체**라고 해요. 유성체가 지구 대기권에 들어오면, 공기와 마찰해 밝게 불타면서 밤하늘에 기다란 빛줄기를 그리며 지나가는데, 이것을 **유성** 또는 **별똥별**이라고 불러요.

유성은 대개 대기권을 통과하는 동안 불타 사라지지만, 아주 드물게 타다 남은 잔해가 땅에 떨어질 때가 있어요. 이것을 운석이라고 불러요.

그림4

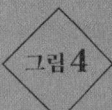

행성

행성은 별 주위를 도는 구형의 천체예요. **행성은 스스로 빛을 내지 않아요.** 맨눈으로 밤하늘을 자세히 관찰하면, 가끔 특별히 밝게 빛나면서도 별과 달리 깜빡이지 않는 빛의 점이 있어요. 그것은 우리의 이웃 행성 중 하나일 가능성이 높아요. 행성은 밝게 빛나지만, 스스로 빛을 내지 않고, 태양의 빛을 반사해서 빛나요.

많은 별은 그 주위에 행성들이 궤도를 돌면서 우리 **태양계처럼 행성계를 이루고 있어요.** 실제로 천문학자들은 우리은하의 다른 곳들에서 행성계를 많이 발견했어요.

그림5

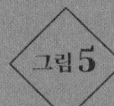

혜성

혜성은 주로 **얼음**으로 이루어져 있고, 태양계 바깥쪽에 많이 모여 있지요. 혜성은 행성처럼 태양 주위를 도는데, 일부 혜성은 아주 기다란 타원 궤도를 한 바퀴 도는 데 수천 년이 걸리기도 해요. 혜성은 태양에 가까워지면, 뜨거운 태양열 때문에 얼음 물질 중 일부가 증발해 증기로 변해요. 그래서 태양 반대편으로 **밝은 빛의 꼬리를** 길게 휘날리지요. 어떤 혜성은 태양으로 다시 돌아오기까지 수천 년이 걸려요. 예컨대 **헤일-밥 혜성**은 궤도를 한 바퀴 도는 데 약 3000년이 걸려요. 최근에 헤일-밥 혜성이 태양에 가까이 온 때는 1997년이었어요. 반면에 어떤 혜성은 태양에 더 자주 다가와요. 가장 유명한 혜성은 **핼리 혜성**인데, 76년마다 태양을 찾아와요. 다음번에는 2061년에 찾아올 거예요.

그림6

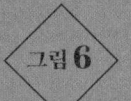

인공위성과 우주 탐사선

인류가 20세기 후반에 우주 탐사를 시작한 이후 지구 주변의 우주 공간에 인공위성과 우주 정거장, 우주 탐사선, 우주 망원경이 떠다니기 시작했어요.

이 중에는 맨눈으로 볼 수 있는 것도 있는데, 밤하늘을 가로지르며 움직이는 작은 빛의 점으로 보이지요. 가끔 그것이 인공 물체임을 쉽게 알아볼 수 있는데, 하늘에서 나머지 별이나 천체보다 더 빠르게 움직이기 때문이에요.

얼마 전에는 **스타링크 위성군**이 발사되었는데, 이것은 지구 저궤도에 초소형 인공위성 수천 개를 배치한 것으로, 전 세계적인 위성 인터넷 서비스를 제공하고 있어요.

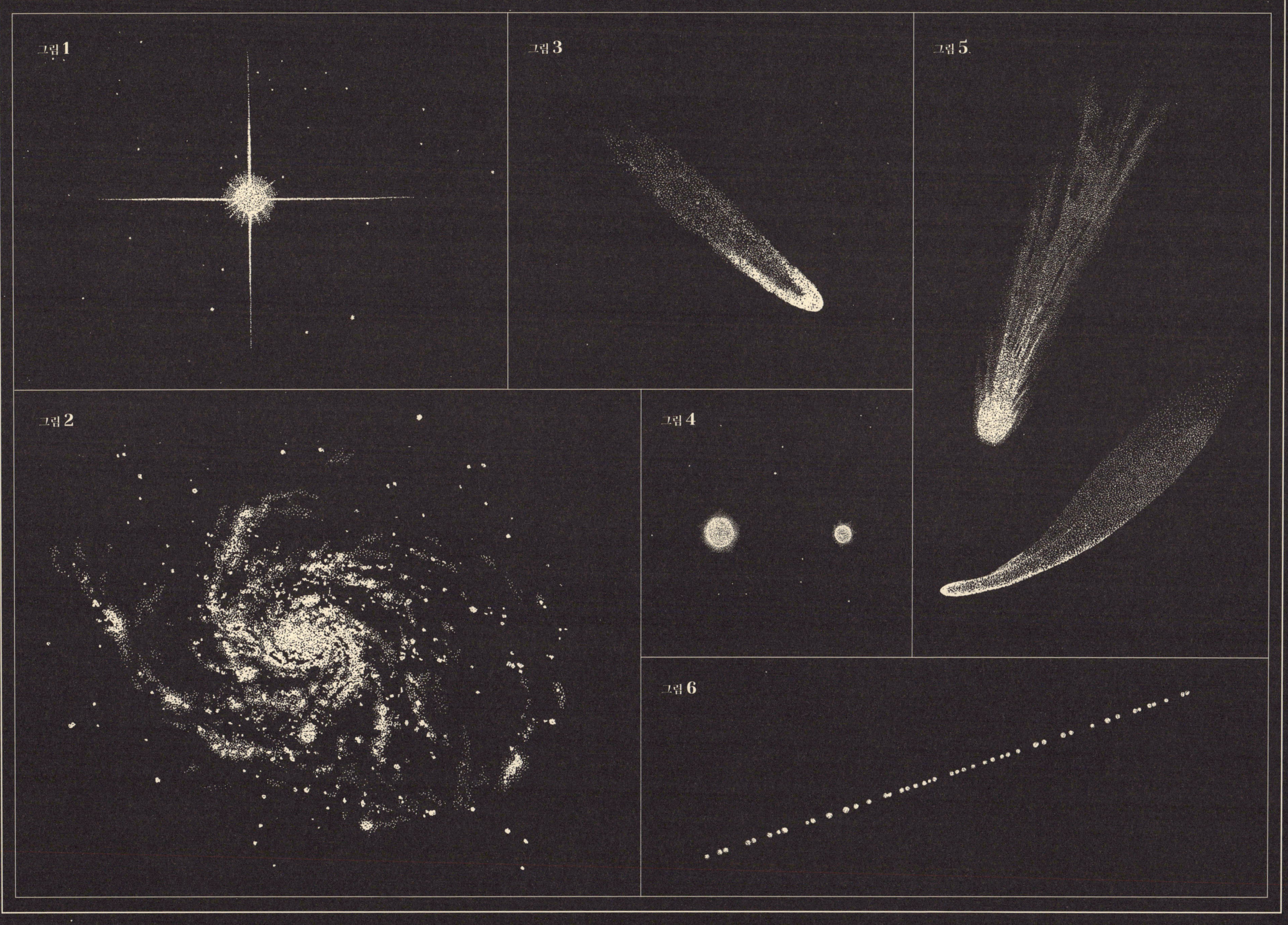

02 우리는 우주에서 어디에 있을까?

우주는 아주 광대한 장소예요. 과학자들은 우주에 은하가 1000억 개 이상 있다고 생각해요. 이 거대한 우주에서 하나의 행성인 지구는 아주 작은 점에 불과해요. 물체들을 서로 끌어당기는 힘인 중력 때문에 은하들이 서로 모여 집단을 이루고 있는데, 이것을 은하단이라고 해요. 그리고 은하단들이 모여 만들어진 더 큰 집단을 초은하단이라고 하지요.

은하는 항상 움직여요. 먼저, 모든 은하는 자신의 중심을 축으로 빙빙 돌고 있어요. 게다가 은하들은 공간상에서도 움직이고 있는데, 서로에게서 멀어져 가고 있어요. 이 움직임은 우주를 탄생시킨 대폭발인 빅뱅의 힘이 우주를 팽창시키기 때문에 일어나지요.

초은하단

우리은하는 지름이 약 1억 광년인 초은하단에 속해 있어요. 이 초은하단에는 많은 은하단과 함께 독립적인 은하가 많이 포함돼 있어요. 이 초은하단의 중심은 **처녀자리 은하단**에 있는데, 처녀자리 은하단에는 약 2000개의 은하가 있어요.

초은하단과 **은하단**은 필라멘트로 연결돼 있어요. 실처럼 생긴 필라멘트는 텅 비어 있는 우주 공간을 빙 두르는 가장자리 지역이에요.

국부 은하군

국부 은하군은 우리은하를 포함해 수십 개의 은하로 이루어진 은하 집단이에요. 국부 은하군에 속한 은하는 대부분 왜소 은하예요. 하지만 그중에서 둘은 나머지 은하들보다 훨씬 큰데, 그 둘은 우리은하와 안드로메다은하예요.

대마젤란은하처럼 우리은하 주위를 도는 **위성 은하**가 여럿 있어요.

우리은하

우리은하는 아주 거대하고, 나선 모양으로 생겼어요. 태양은 여러 나선팔* 중 하나인 오리온자리 팔에 있는데, 은하 중심에서 약 2만 5000광년 떨어진 곳에 위치하고 있어요. 태양 주위에는 지구를 포함해 여러 행성이 돌고 있어요. 우리은하에는 별이 1000억 개 이상 있는데, 그중 상당수는 태양계처럼 그 주위의 궤도를 도는 행성들이 딸려 있을 거예요.

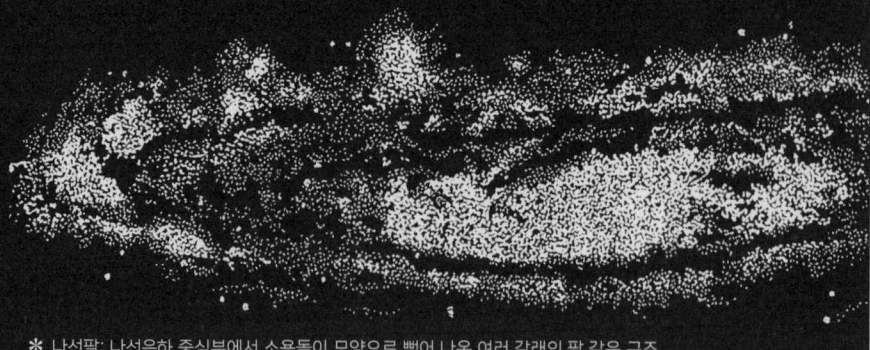

태양은 은하 중심 주위를 도는데, 한 바퀴 도는 데에 약 2억 2500만 년이 걸려요.

* 나선팔: 나선은하 중심부에서 소용돌이 모양으로 뻗어 나온 여러 갈래의 팔 같은 구조

03 이 모든 것은 어떻게 시작되었을까?

약 138억 년 전에 아무것도 없던 곳에서 거대한 폭발이 일어났는데, 이 사건을 빅뱅이라고 불러요. 그전에는 행성과 별은 물론이고, 물질과 공간도 없었어요. 빅뱅이 시작되던 순간에 오늘날 존재하는 우주의 모든 것이 한 점에 집중되어 있었어요. 그것은 밀도와 에너지가 무한대에 가까울 정도로 큰 점이었지요.

이 점이 폭발하면서 팽창하기 시작했어요. 과학자들은 이렇게 해서 우주가 탄생했다고 믿어요. 그런 다음에 우주가 식어 가면서 일부 입자들이 생겨나기 시작했고, 이 입자들이 뭉쳐서 원자와 물질을, 그리고 더 나아가 은하와 별과 행성을 만들었지요.

그림 1

그림 2

태양계의 탄생

태양계는 약 46억 년 전에 중력 때문에 수축한 먼지와 가스가 섞인 구름에서 생겨나기 시작했어요. 이 구름의 중심에서 서서히 별(태양)이 태어났고, 그 주위에 행성들이 생겨나기 시작했지요. 이 과정이 일어나는 데에는 수백만 년이 걸렸어요.

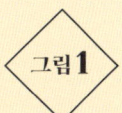

그림1
먼지와 가스 구름의 중심부가 중력 때문에 수축했어요. 물질이 주변에서 계속 빙빙 돌면서 원반 모양을 이루었어요.

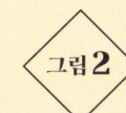

그림2
원반에서 중심 부분이 가장 뜨거웠는데, 여기서 태양이 생겨나기 시작했지요. 그 주위에서 고리 모양으로 빙빙 돈 먼지와 가스 물질을 원시 행성계 원반이라고 불러요.

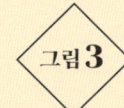

그림3
원반에서 바깥쪽은 더 차가운 지역이어서, 입자들이 들러붙으면서 소행성과 혜성 같은 작은 얼음 천체들이 생겨났어요.

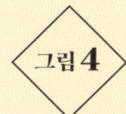

그림4
작은 물체들이 서로 들러붙어 점점 큰 덩어리가 만들어졌어요. 이것들이 결국 행성과 위성이 되었지요.

그림3

그림4

1. 태양 2. 수성 3. 금성 4. 지구 5. 화성 6. 소행성대 7. 목성 8. 토성 9. 천왕성 10. 해왕성

이 그림의 행성들과 그 궤도는 정확한 축척 비율에 따라 나타낸 것이 아닙니다.

04 태양계

우리가 속한 행성계인 태양계는, 중심에 있는 별인 태양과 그 주위를 도는 행성 8개, 왜소 행성 여러 개, 수많은 소행성과 혜성으로 이루어져 있어요. 행성은 중심축을 중심으로 스스로 돌기도 하며(이를 '자전'이라 부름), 여러 행성 주위에는 위성이 하나 또는 여럿 딸려 있어요. 태양계에 존재하는 위성의 수는 200개가 넘어요.

행성

태양계의 행성들은 두 집단으로 나눌 수 있어요.

지구를 제외한 태양계의 모든 행성에는 로마 신화 속 신들에서 딴 영어 이름이 붙어 있어요.

수성   금성   지구   화성

목성   토성   천왕성   해왕성

01 지구형 행성

태양에 가까이 있는 네 행성인 **수성, 금성, 지구, 화성**을 지구형 행성이라고 해요. 이들은 주로 암석과 금속으로 이루어진 구형의 고체 행성이어서 **암석질 행성**이라고도 불러요. 금성과 지구와 화성은 **대기**라고 부르는 기체층으로 둘러싸여 있어요. 반면에 수성의 대기는 우주 공간의 진공과 구분할 수 없을 정도로 아주 희박해요.

02 목성형 행성

태양에서 멀리 떨어진 곳에서는 수소와 헬륨이 주성분인 **기체 행성**들이 궤도를 돌고 있어요. 이 행성들을 **거대 행성**이라고 부르는데, 목성과 토성은 **거대 기체 행성**이고, 천왕성과 해왕성은 **거대 얼음 행성**이에요. 거대 기체 행성의 중심부에는 암석과 얼음으로 이루어진 고체 핵이 있어요.

* 수성, 금성, 화성, 목성, 토성이란 이름은 동양의 음양오행설에서 우주 만물을 이룬다는 다섯 가지 원소인 수(水), 금(金), 화(火), 목(木), 토(土)에서 땄습니다. 망원경 발명 후 발견된 천왕성, 해왕성, 명왕성은 서양식 행성 이름을 번역한 것이에요.

05 행성의 궤도

> 17세기에 독일 천문학자 요하네스 케플러는 행성들이 타원 궤도를 돈다는 사실을 처음으로 알아내고, 그 궤도를 정확하게 나타냈지요.

태양계의 모든 행성과 소행성과 혜성은 태양 주위를 돌아요. 이들이 지나가는 길을 궤도라고 부르는데, 궤도를 결정하는 중요한 요소는 태양의 중력이에요. 행성마다 각자 고유의 궤도가 있어 매번 똑같은 길을 따라 움직여요. 행성들은 모두 똑같은 방향으로 태양 주위를 도는데, 모두 처음에 태양 주위에서 같은 방향으로 빙빙 돌던 물질 원반에서 생겨났기 때문이지요. 공전 속도는 제각각 다르지만, 행성들이 모두 똑같은 평면 위에서 궤도를 도는 것도 이 때문이에요.

궤도를 한 바퀴 도는 데 걸리는 시간은?

행성이 궤도를 한 바퀴 도는 시간을 **공전 주기**라고 하는데, 이것은 그 행성의 1년에 해당하지요. 지구의 경우에는 공전 주기가 365일이어서 1년이 365일이에요. 태양과의 거리가 멀수록 궤도를 한 바퀴 도는 시간이 더 길고, 따라서 공전 주기도 더 길어요. 태양에서 가장 가까운 행성인 수성은 불과 88일 만에 태양 주위를 한 바퀴 돌아요. 반면에 태양에서 가장 먼 행성인 해왕성은 태양 주위를 한 바퀴 도는 데 무려 165년이 걸려요! 혜성처럼 훨씬 먼 곳에서 궤도를 도는 천체는 궤도가 아주 길어서 태양 주위를 한 바퀴 도는 데 수천 년 혹은 수백만 년이 걸리기도 해요.

행성들의 공전 운동과 자전 운동

행성들의 궤도는 완전한 원이 아니라 원이 약간 찌그러진 타원 모양이에요. 모든 행성들은 (약간의 차이는 있지만) 거의 동일한 평면 위에서 궤도를 돌아요. 행성은 태양 주위를 도는 운동(공전 운동)뿐만 아니라, 자신의 축을 중심으로 스스로 도는 운동(자전 운동)도 해요. 자전축은 행성에 따라 공전 궤도면에 대해 약간 또는 많이 기울어져 있어요. 계절 변화가 일어나는 주원인은 바로 이 자전축의 기울기에 있어요.

> 혜성은 행성들의 공전 궤도면에서 약간 기울어진 궤도로 태양 주위를 돌아요.

| 수성 | 금성 | 지구 | 화성 | 목성 | 토성 | 천왕성 | 해왕성 |
| 0,1° | 177° | 23° | 25° | 3° | 27° | 98° | 30° |

1. 태양   2. 수성   3. 금성   4. 지구   5. 화성   6. 소행성대   7. 목성   8. 토성   9. 천왕성   10. 해왕성   11. 명왕성

이 그림의 행성과 천체의 궤도는 정확한 축척 비율에 따라 나타낸 것이 아닙니다.

태양과 지구의 **1 AU** 평균 거리

천체의 종류:
황색 왜성 (G형 주계열성)

지름:
139만 2000km
(지구의 109배)

온도:
표면은
5500°C
대류층은
200만 °C

지구와의 거리:
1억 5000만 km

은하 중심에서의 거리:
2만 6000광년

구성 성분:

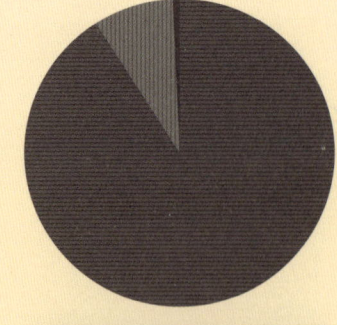

수소 91%
헬륨 8.9%
기타 기체 물질

1 AU			10 AU		20 AU		30 AU		40 AU	

수성 · 금성 · 지구 · 화성 · 소행성대 · 목성 · 토성 · 천왕성 · 해왕성 · 명왕성

AU : 천문단위

06 태양

태양은 태양계 중심에 있는 별이에요. 지구와 나머지 행성들은 그 주위를 돌고 있어요. 태양은 뜨겁게 불타는 기체 덩어리 천체로, 빛과 열의 형태로 막대한 에너지를 내뿜고 있어요. 지구에서 생명이 살아갈 수 있는 것은 태양에서 보내 주는 이 에너지 덕분이에요. 태양은 우리에게서 가까워 아주 크게 보이지만, 우주의 다른 별들과 비교하면 보통 크기의 별에 불과해요.

태양의 생애

태양은 약 45억 년 전에 탄생해 지금은 생애의 중간쯤 되는 시기를 지나고 있어요. 다시 말해서, 아직도 **50억 년은 더 이 상태로 밝게 빛날 거예요.** 중심부의 수소 연료가 바닥나면, 태양은 크게 팽창해 **적색 거성**이 될 거예요. 그래서 지금보다 크기는 커지지만, 온도는 훨씬 낮아져요. 그랬다가 마침내 크기가 크게 줄어들어 지구만 한 크기의 **백색 왜성**으로 변할 거예요.

● 우주의 행성계 중에는 태양이 둘 이상 있는 곳도 있어요.

막대한 에너지원

태양은 주로 **수소와 헬륨** 기체로 이루어져 있어요. 중심부는 압력이 아주 커 수소 핵융합 반응이 일어나는데, 이 과정에서 막대한 에너지가 나와요. 이 덕분에 태양은 우리에게 **빛과 열을 제공**할 뿐만 아니라, 깨끗한 **재생 에너지를 만들 수 있는 에너지원**이지요. 우리는 태양 전지판이나 그 밖의 기술을 사용해 이 에너지를 활용할 수 있어요.

● 태양 중심부에서 만들어진 에너지가 중간의 두꺼운 물질 층을 지나 태양 표면으로 나오기까지는 약 100만 년이 걸려요.

태양을 이루는 여러 층

태양은 **핵**이라 부르는 중심부가 있어요. 이곳은 압력이 엄청나게 높아 핵융합 반응이 일어나요. 핵에서 나온 에너지는 다음 층인 **복사층**을 지나 **대류층**으로 가요. 대류층에서는 기체의 움직임으로 대류가 일어나면서 에너지가 **태양 표면(광구)**으로 전달되어요. 그다음에는 맨 바깥층에 해당하는 **대기층(채층과 코로나)**으로 전달되지요.

● 태양은 아주 커서 그 속에 지구를 약 130만 개나 집어넣을 수 있어요.

핵 · 복사층 · 대류층 · 광구 · 채층 · 코로나 · 대기층

태양의 대기

코로나는 태양 표면보다 훨씬 뜨겁지만, 밀도가 훨씬 희박하기 때문에 그 빛은 태양 표면에서 나오는 빛보다 희미해요.

태양 플레어가 한 번 폭발할 때 나오는 에너지는 원자 폭탄 수백만 개가 폭발하는 것과 맞먹어요.

그림 1
코로나

코로나는 태양의 대기층에서 가장 바깥에 있는 층이에요. 하지만 태양 표면에서 너무 많은 빛이 나오기 때문에, 코로나는 개기 일식 때에만 볼 수 있어요. 코로나는 태양 중심부에서 아주 멀리 떨어져 있지만, 태양 표면인 광구보다 300배나 더 뜨거워요. 코로나를 이렇게 뜨겁게 하는 에너지는 태양 플레어(태양의 대기에서 종종 발생하는 격렬한 폭발 현상)에서 나오는 것으로 보여요. 높은 온도로 끊임없이 움직이는 기체에서는 전류가 발생하고, 전류가 흐르면 자기장이 생기는데, 자기장이 서로 충돌할 때 플레어가 일어나요.

그림 2
채층

태양의 대기층에서 중간층에 해당하는 채층 역시 코로나와 마찬가지로 개기 일식 때에만 볼 수 있어요. 달이 태양을 가릴 때, 달의 어두운 실루엣 뒤편에서 붉은색으로 밝게 빛나는 채층을 볼 수 있어요. 이 불그스름한 빛은 엄청나게 높은 온도 때문에 활활 타는 수소 기체에서 나와요.

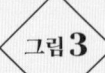

그림 3
광구

광구는 태양의 대기층 중 가장 아래쪽에 있는 층이자, 우리에게 보이는 태양 표면에 해당해요. 태양 표면이라고는 해도 광구는 딱딱한 고체가 아닌데, 태양은 기체 덩어리이기 때문이지요. 광구에는 밝고 부글거리는 지역이 있는가 하면, 주변에 비해 어둡고 온도도 낮은 지역이 있는데, 이곳을 흑점이라고 불러요. 흑점은 많아졌다 적어졌다 하는 시기가 주기적으로 반복되어요.

그림 1

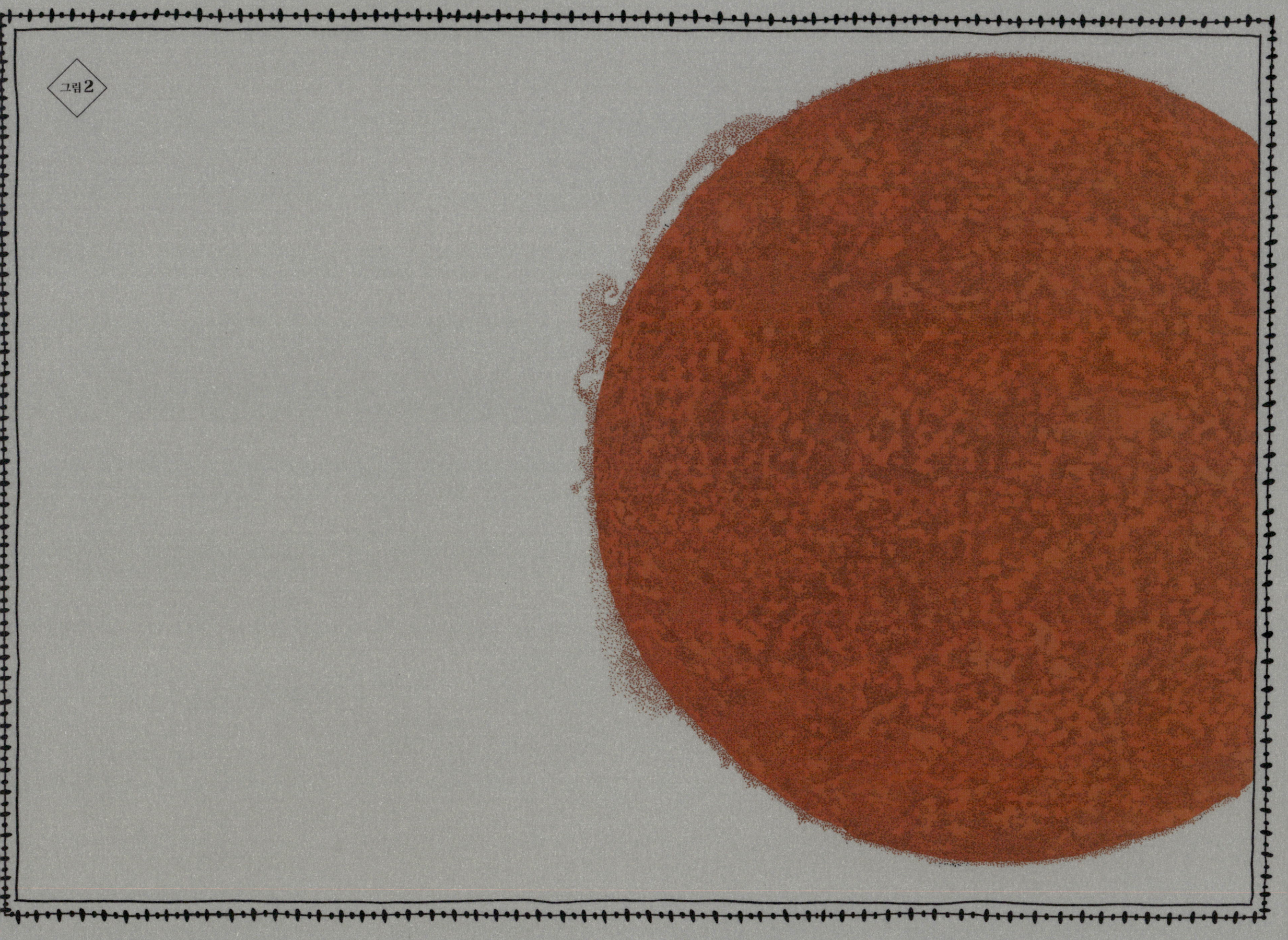

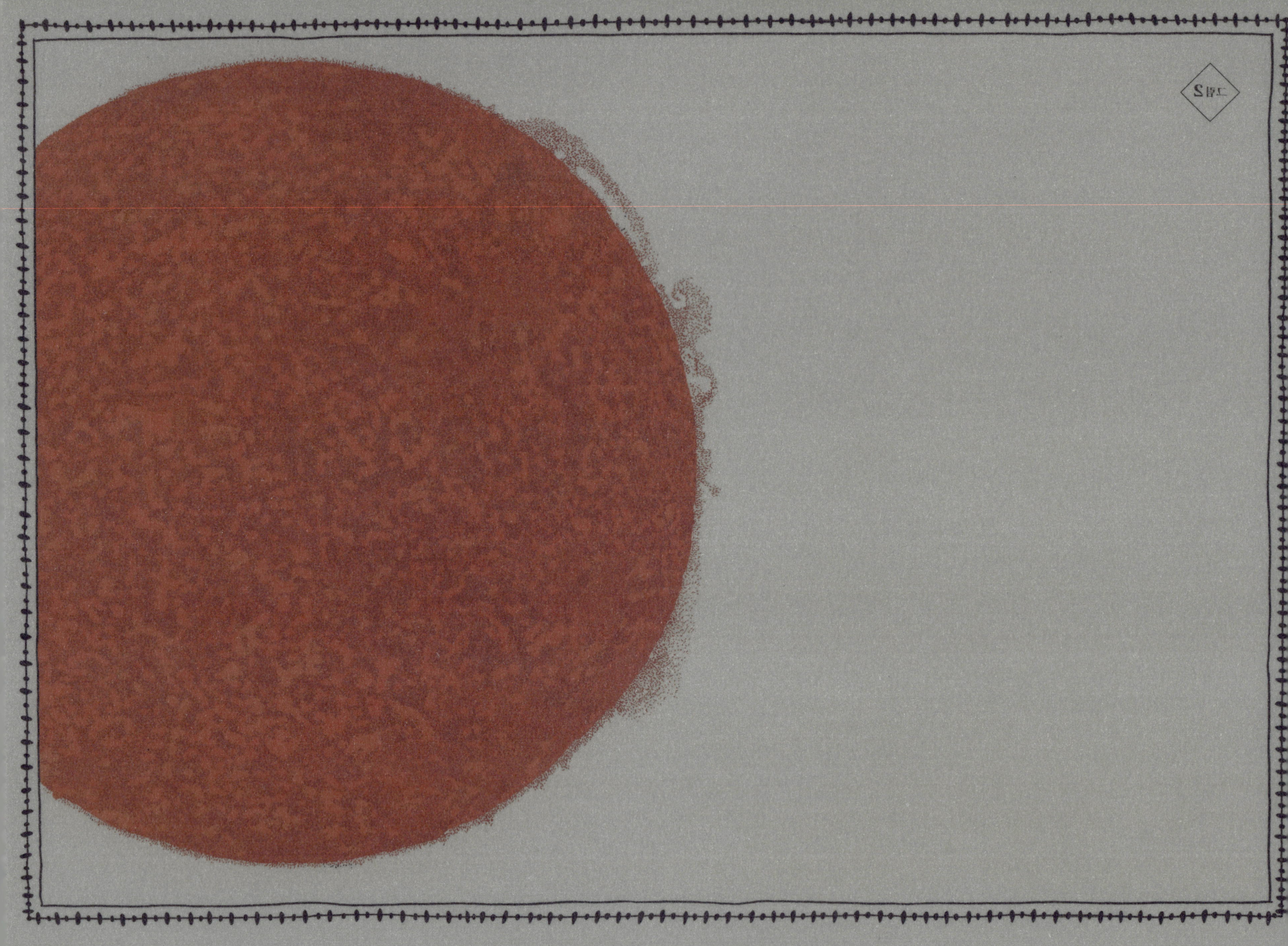

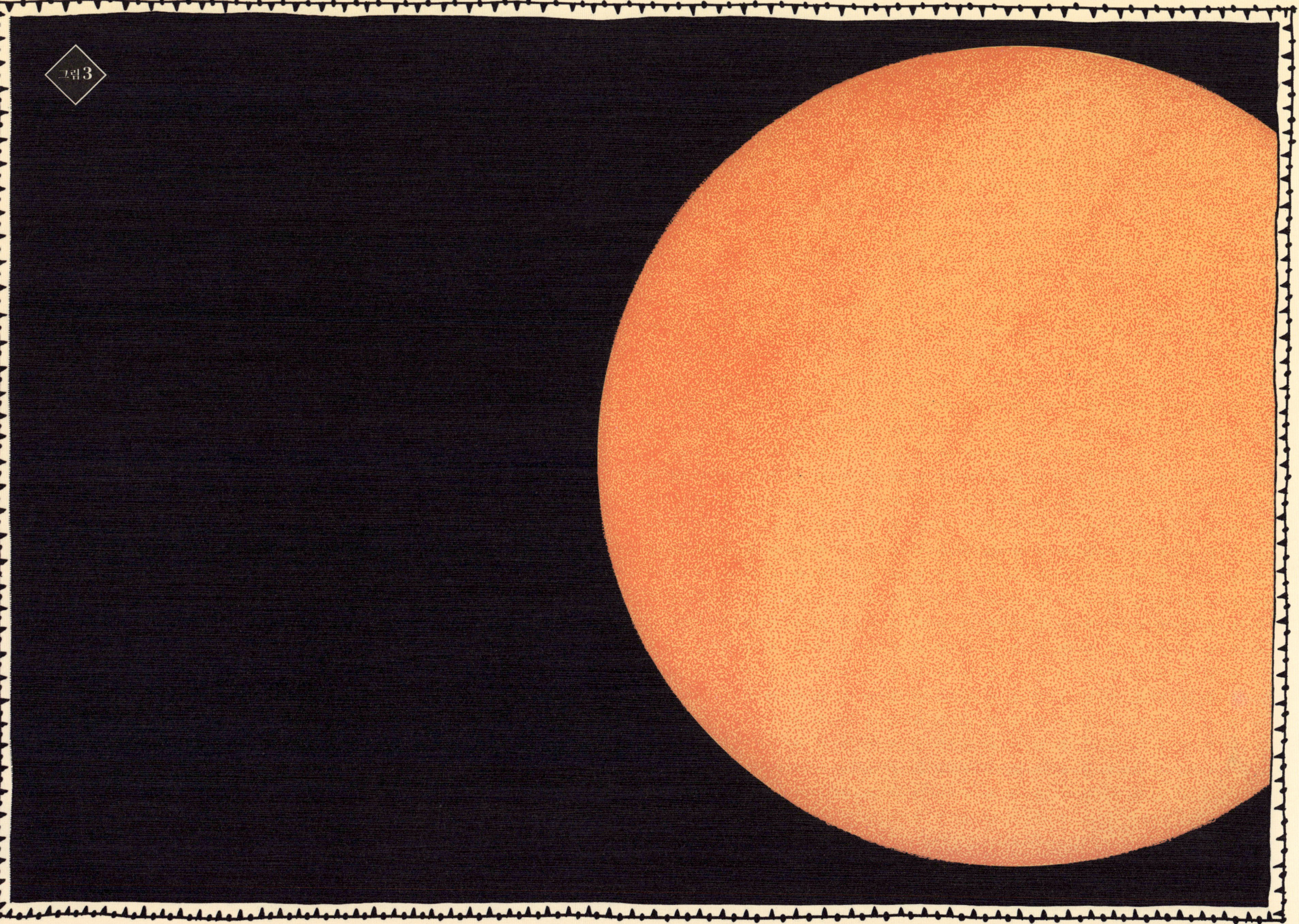

수성 표면의 다양한 색은 표면을 덮고 있는 여러 가지 광물에서 비롯되어요.

천체의 종류:
암석질 행성

태양과의 거리:
5800만 km

햇빛이 수성에 도착하는 데 걸리는 시간:
3분

공전 주기(수성의 1년):
88일

자전 주기(수성의 하루):
59일

지름:
4880km

밀도:
물의 5.4배

질량:
지구의 0.055배

온도:
낮에는 430ºC
밤에는 -180ºC

위성: 없음

고리: 없음

수성은 낮과 밤의 길이가 아주 길어요.

07 수성
가장 작은 행성

수성은 태양계에서 가장 작은 행성이자(달보다 약간 더 커요.), 태양에서 가장 가까운 행성이에요. 수성은 뜨거운 햇빛을 막거나 그 열을 붙드는 대기가 전혀 없기 때문에, 온도 변화가 아주 심하게 나타나요. 낮 동안에는 표면 온도가 400°C 이상 올라가는 반면, 밤에는 -200°C까지 떨어져요. 그런데도 태양계에서 가장 뜨거운 행성은 수성이 아니에요. 그 행성은 바로 금성이에요.

크레이터

수성의 표면은 움푹 파인 구덩이 모양의 크레이터로 뒤덮여 있어요. 크레이터는 오래전에 운석과 소행성, 혜성이 충돌하면서 생긴 자국이에요. 수성의 크레이터에는 반 고흐, 르누아르, 세르반테스, 모차르트, 미켈란젤로처럼 유명한 미술가와 작가, 작곡가의 이름이 붙어 있어요. 크레이터 중에는 아주 거대한 것도 있어요. 가장 유명한 것은 칼로리스 분지로, 폭이 약 1300km나 되어요.

짧은 1년, 긴 하루

수성은 모든 행성 중에서 궤도를 도는 속도가 가장 빨라요. 초속 47km로 움직이지요. 그래서 태양 주위를 한 바퀴 도는 데 88일밖에 걸리지 않아요. 하지만 자전 속도는 아주 느려서 한 바퀴 자전하는 데 59일이나 걸려요. 밤도 아주 긴데, 수성에서는 태양이 다시 뜨는 걸 보려면 180일이나 기다려야 해요! 지구에서 볼 때, 수성은 가끔 오던 길을 되돌아 뒤로 돌아가는 것처럼 보이는데, 실제로 그런 것은 아니에요. 수성이 지구보다 안쪽에서 궤도를 돌기 때문에, 지구에서 볼 때 그렇게 보일 뿐이에요. 이렇게 보이는 행성의 움직임을 **역행 운동**이라고 해요.

수성의 구조

수성의 구조는 다른 지구형 행성(금성, 지구, 화성)과 비슷해요. 내부 구조는 금속 핵과 맨틀, 지각으로 이루어져 있어요. 수성은 핵이 아주 큰데, 지름이 4148km나 되고, 부피는 수성 전체의 85%를 차지해요. 맨틀과 지각의 주성분은 암석이고, 맨틀과 지각을 합친 두께는 약 400km예요.

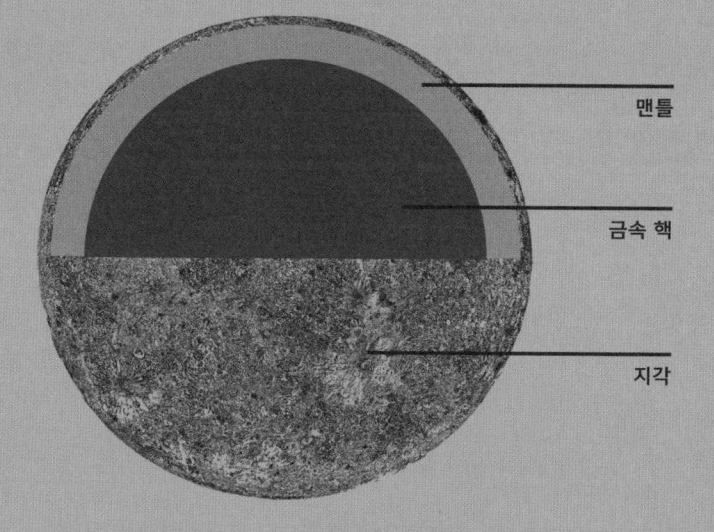
맨틀 / 금속 핵 / 지각

끝없이 크레이터가 널린 풍경

수성 표면의 모습은 달과 비슷해요. 회갈색 암석으로 뒤덮인 풍경이 끝없이 펼쳐져 있지요. 가끔 표면에서 밝게 빛나는 줄무늬가 보일 때가 있어요. 이것은 소행성이나 혜성의 파편이 햇빛을 반사해 빛나는 거예요. 수성에는 산도 없고 물도 없고 식물도 없어요. 그저 여기저기에 크레이터만 잔뜩 널려 있어요.

수성은 지구와 같은 대기가 없기 때문에, 하늘은 우주 공간처럼 완전히 검은색으로 보여요. 태양은 지구에서 보는 것보다 3배나 크게, 그리고 7배나 밝게 보여요.

수성과 지구의 **0.61 AU** 평균 거리

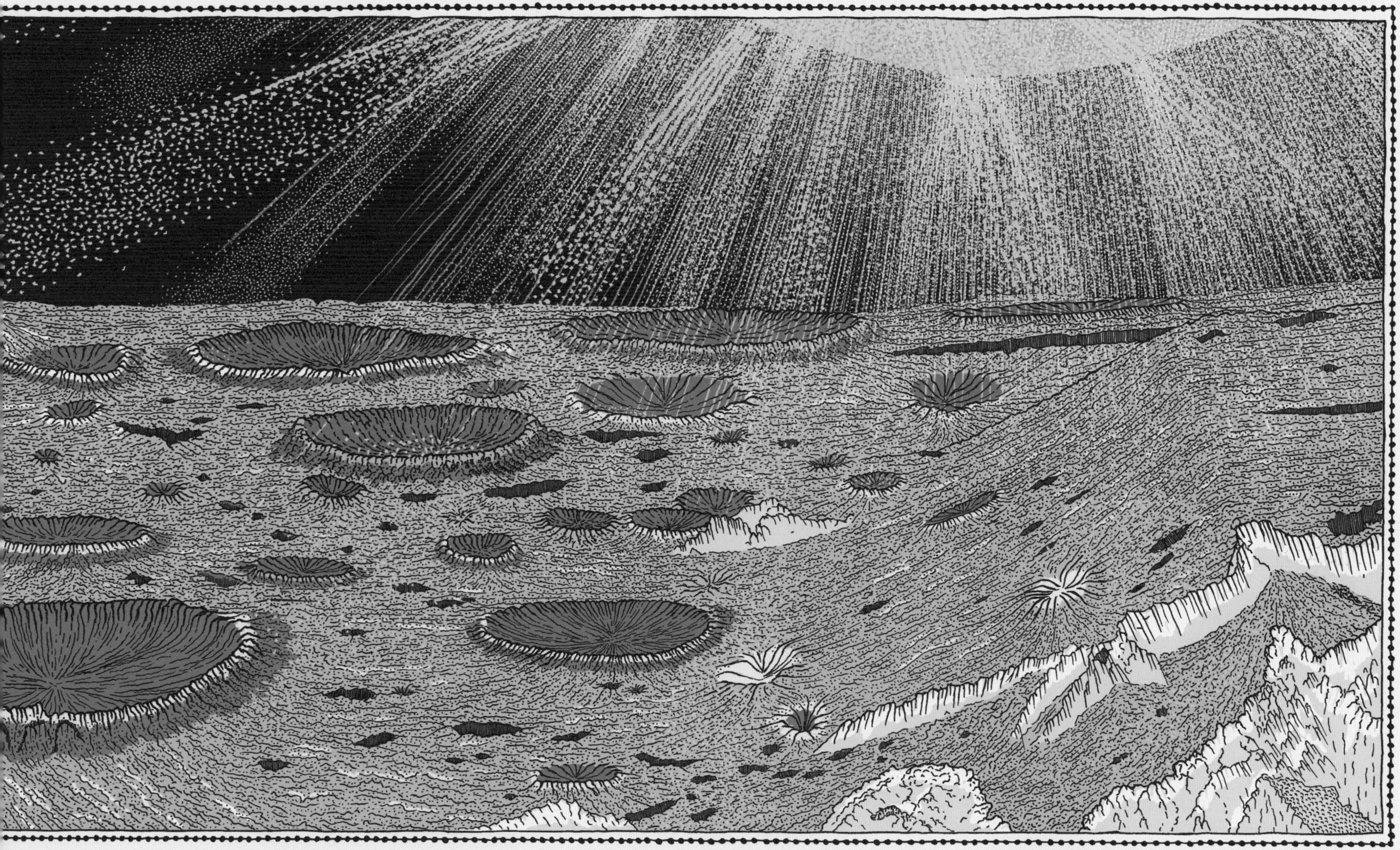

천체의 종류:
암석질 행성

태양과의 거리:
1억 820만 km

햇빛이 금성에 도착하는 데 걸리는 시간:
6분

공전 주기(금성의 1년):
225일

자전 주기(금성의 하루):
243일

지름:
1만 2100km

밀도:
물의 5.2배

질량:
지구의 0.8배

온도:
480°C

위성: | 고리:
없음 | **없음**

08 금성
가장 뜨거운 행성

> 영어 이름 **비너스**는 로마 신화에 나오는 사랑의 여신이에요.

금성은 태양에서 두 번째로 가까운 행성이에요. 표면 온도가 무려 480°C로, 모든 행성 중에서 가장 뜨거워요. 이렇게 온도가 높은 것은 두꺼운 대기로 뒤덮여서 온실 효과가 심하게 나타나기 때문이에요. 지구에서 볼 때, 금성은 달 다음으로 밤하늘에서 가장 밝은 천체예요. 그래서 맨눈으로도 쉽게 볼 수 있어요. 금성은 지구에서 가장 가까운 이웃 행성이기도 해요.

긴 하루

금성은 태양계의 나머지 행성들과 정반대 방향으로 자전을 해요. 아마도 먼 옛날에 다른 천체와 충돌하면서 회전 방향이 바뀐 것으로 보여요. 그래서 금성에서는 지구와는 반대로 해가 서쪽에서 떠서 동쪽으로 지지요. 금성의 하루는 아주 길어요. 지구 시간으로 무려 243일(약 8개월)이나 나 계속된답니다. 사실, 금성에서는 하루가 1년보다 더 길어요.

지옥 같은 행성

금성은 아주 특이한 행성인데, 그 환경에서는 생명체가 살아남기가 매우 힘들어요. 금성은 아주 뜨거울 뿐만 아니라, 유독한 대기로 뒤덮여 있고, 지표면에 미치는 대기의 압력도 아주 강해요. 지구의 90배에 이를 정도로 강력한 대기압의 효과는 물밑 1km 깊이에 내리누르는 수압과 맞먹어요. 금성은 우주 탐사선이 방문한 최초의 행성이에요. 지금까지 보낸 무인 탐사선은 40대가 넘는데, 대부분 멀찌감치 떨어진 곳에서 금성을 탐사했어요. 표면에 착륙한 탐사선은 뜨거운 열 속에서 겨우 두 시간 정도만 버틸 수 있었지요.

금성의 구조

금성은 가끔 **지구의 '쌍둥이' 행성**이라고 불리는데, 크기와 밀도가 지구와 비슷하기 때문이지요. 내부 구조도 비슷한데, 금속 핵 주위에 녹은 암석으로 이루어진 맨틀이 두껍게 둘러싸고 있고, 맨 바깥쪽에는 얇은 고체 지각이 있어요. 금성의 **짙은 대기**는 이산화탄소와 질소, 그리고 약간의 황산으로 이루어져 있어요.

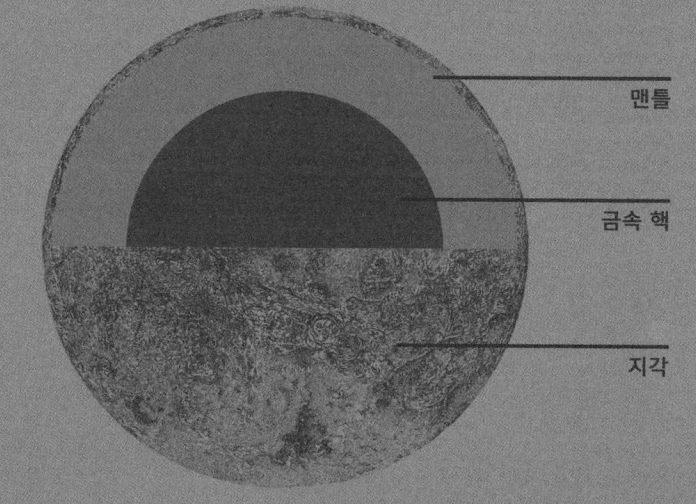

맨틀 / 금속 핵 / 지각

지옥의 불구덩이처럼 뜨거운 곳

금성 표면은 암석으로 이루어져 있고, 우주 공간에서 바라보면 붉은빛을 띤 노란색으로 보여요. 표면에는 크레이터와 화산이 도처에 널려 있어요. 일부 화산은 지금도 끊임없이 분화가 일어나는 활화산일지 몰라요. 거대한 협곡과 산도 있는데, 일부 산은 아주 높아요. 가장 높은 산인 맥스웰산은 높이가 1만 1000m나 되어요.

금성은 짙은 노란색 구름으로 뒤덮여 있는데, 구름의 주성분은 황산이에요. 금성 표면에서는 낮에도 이 짙은 구름 때문에 태양이 잘 보이지 않아요. 태양은 어두운 노란색 하늘 사이로 어렴풋한 빛으로만 보일 거예요.

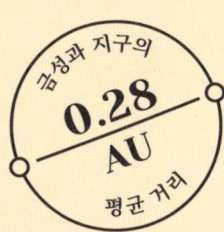

금성과 지구의
0.28
AU
평균 거리

천체의 종류:
암석질 행성

태양과의 거리:
1억 4960만 km

햇빛이 지구에 도착하는 데 걸리는 시간:
8분 20초

공전 주기(지구의 1년):
365.2일

자전 주기(지구의 하루):
23시간 56분

지름:
1만 2742km

밀도:
물의 **5.5배**

질량:
59억 7000만 ×1조 톤

지표면의 온도:
장소와 시기에 따라 다르지만, 전 세계 평균 기온은
14°C

위성: **1개**

고리: 없음

지구 표면의 **약 70%는 물로** 덮여 있어요.

09 지구
푸른 행성

지구는 지구형 행성 중에서 가장 크며, 아직까지는 우주에서 유일하게 생명체가 사는 곳으로 알려져 있어요. 사실, 우리가 사는 지구는 생명체가 살아가기에 이상적인 조건을 갖추고 있어요. 태양에서 적절한 거리에 있어 온도가 생명체의 생존에 적절하고, 보호막 역할을 하는 대기도 있으며, 행성 중에서는 유일하게 표면에 액체 상태의 물이 있어요. 지구에서 최초의 생명체는 약 35억 년 전에 진화하기 시작했어요.

보호막 역할을 하는 대기

지구는 대기라고 부르는 기체층으로 둘러싸여 있어요. 대기는 태양의 위험한 광선과 작은 운석의 충돌을 막아 주어요. 또한, 대기는 온실 유리처럼 열을 지표면 가까이에 붙들어 지구의 온도를 따뜻하게 하는 기능도 해요. 대기의 주요 성분은 질소와 산소이고, 그 밖에도 여러 가지 성분이 소량 들어 있어요. 이 성분들이 우리가 숨 쉬기에 완벽한 비율로 섞여 있지요.

계절 변화와 낮과 밤

나머지 행성들과 마찬가지로 지구는 태양 주위의 궤도를 돌아요. 궤도를 한 바퀴 도는 데에는 1년이 걸리는데, **지구의 자전축**은 공전 궤도면에 대해 직각이 아니라 약간 기울어져 있어요. 그래서 1년 중 시기에 따라 지구의 각 지역에 비치는 햇빛의 각도가 달라져요. 북반구가 여름일 때에는 남반구는 겨울이 되고, 북반구가 겨울일 때에는 남반구는 여름이 되어요. **하루의 길이**는 지구가 한 바퀴 자전하는 데 걸리는 시간이에요. 지구가 자전을 할 때, 태양을 향한 쪽은 낮이 되고, 그 반대쪽은 밤이 되어요.

지구의 구조

중심에는 **내핵**이 있는데, 철과 니켈로 이루어진 내핵은 공 모양의 고체예요. 그 바깥쪽에는 액체 상태의 **외핵**이 내핵을 둘러싸고 있는데, 외핵은 녹은 금속으로 이루어져 있어요. 그 위에는 두꺼운 **맨틀 층**이 있는데, 뜨거운 열에 녹은 암석으로 이루어져 있어요. 맨 바깥쪽은 얇은 층의 **지각**으로 덮여 있는데, 지각은 단단한 암석으로 이루어져 있어요. 지각은 한 덩어리로 붙어 있지 않고, 수십 개의 판으로 쪼개져 있는데, 판들은 맨틀 위에서 둥둥 떠다녀요.

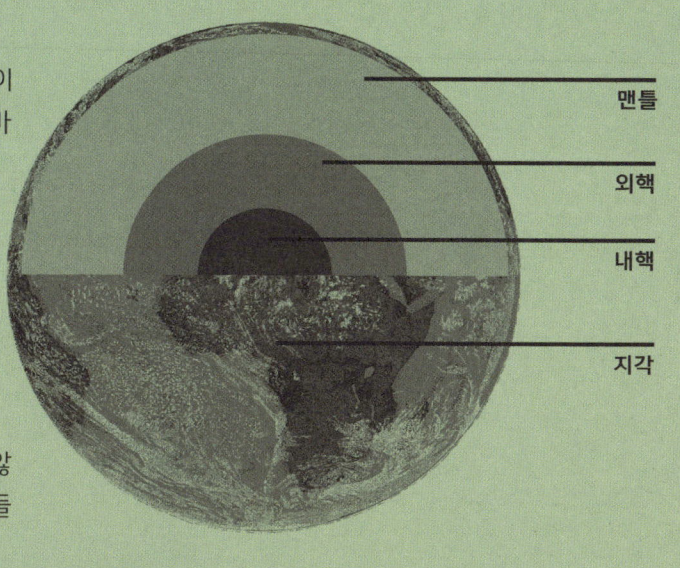

맨틀
외핵
내핵
지각

생명체가 사는 행성

지구 표면은 암석으로 이루어져 있지만, 대부분은 바다라고 부르는 물로 뒤덮여 있어요. 그리고 바다 사이 여기저기에 대륙과 섬이 솟아 있지요. 지각은 수십 개의 판으로 이루어져 있는데, 판들은 늘 천천히 움직이면서 서로 부딪치거나 멀어져 가요. 수백만 년의 세월이 지나는 동안 이러한 판들의 움직임이 대륙을 이동시키고 큰 산맥을 만들어 내요. 화산과 지진도 판들의 움직임 때문에 일어나지요.

다른 행성들과 달리 지구의 풍경에서 큰 부분을 차지하는 것은 식물인데, 곳곳에서 식물이 숲과 들판을 이루고 있지요. 지구의 역사에서 최근에 인류는 도시와 그 밖의 인공 구조물을 건설함으로써 지구의 풍경을 크게 변화시켰어요.

천체의 종류:
위성

지구와의 평균 거리:
38만 4400km

지름:
3475km

달의 1년(지구 주위를 도는 공전 주기):
27.3일

달의 하루(자전 주기):
27.3일

온도:
-233°C~ 122°C

특징:
달은 지구형 행성들과 비슷해요. 표면의 색은 회색이고, 운석과 소행성, 혜성이 충돌한 흔적인 크레이터가 도처에 널려 있어요. 대기는 아주 희박해요. 그래서 달에서는 숨을 쉬지 못할 뿐 아니라 바람과 소리도 없어요. 중력은 지구의 1/6에 지나지 않아요. 그래서 달에서는 몸무게가 적게 나가고, 발걸음을 내디딜 때마다 멀리 점프를 하게 되어요.

지금까지 **달을 탐사**하기 위해 보낸 **로봇**은 100대가 넘어요.

달
지구의 위성

달은 천연 위성(행성 주위를 도는 암석질 천체)이에요. 지구의 천연 위성은 달 하나뿐이에요. 달은 지름이 지구의 1/3에 불과하지만, 지구의 환경에 큰 영향을 미쳐요. 예를 들면, 지구에 밀물과 썰물을 일으키고 기후에도 영향을 미쳐요. 달은 지구가 생긴 직후에 탄생했는데, 큰 천체가 지구에 충돌할 때 튀어 나간 파편들이 뭉쳐서 만들어졌어요.

달 탐사

달은 **늘 같은 면을 지구로 향한 채 지구 주위를 도는데**, 이것을 조석 고정 또는 동주기 자전이라고 해요. 달은 지구 주위를 한 바퀴 도는 동안 스스로도 한 바퀴 도는데, 공전 주기와 자전 주기가 정확하게 일치하기 때문에 이런 현상이 일어나지요. 이 때문에 지구에서는 달의 뒷면을 볼 수가 없는데, 달의 뒷면 모습은 1959년에 러시아가 보낸 인공위성이 처음으로 달 주위를 돌면서 드러났지요. 1969년에는 미국이 보낸 두 우주 비행사가 처음으로 달 표면을 밟았어요. 그때부터 달을 방문한 우주 비행사는 모두 24명이지만, 달 표면을 밟은 사람은 12명뿐이에요.

1972년 이후로는 달 표면을 밟은 사람이 아직 아무도 없어요.

달의 위상 변화

달은 밤하늘에서 가장 밝은 천체이지만, 달빛은 사실 **햇빛이 달 표면에 반사**된 것이에요. 한 달이 지나는 동안 달의 모양은 계속 변하는데, 달이 지구 주위를 돎에 따라 햇빛을 반사하는 부분이 달라지기 때문이지요. 이렇게 **달의 모양이 매일 변하는 현상을 위상 변화**라고 해요. 달의 앞면이 전부 다 햇빛을 반사할 때에는 보름달이 되고, 일부만 햇빛을 반사할 때에는 달이 기울거나 차게 되지요. 그리고 햇빛이 달의 뒷면을 비출 때에는 달이 우리 쪽으로 햇빛을 반사하지 못해 그믐이 되어요. 보름달에서 다음 보름달이 되기까지는 29.53일이 걸려요.

월식

지구가 **태양과 달 사이**에 들어가면, 월식이 일어나요. 이때, 달에 어두운 그림자가 지나가는 것을 볼 수 있어요. 이것은 **지구의 그림자**가 달을 덮으면서 일어나는데, 이때 달은 완전히 캄캄해지는 대신에 불그스름한 색으로 변해요.

천체의 종류:
암석질 행성

태양과의 거리:
2억 2800만 km

햇빛이 화성에 도착하는 데 걸리는 시간:
13분

공전 주기(화성의 1년):
687일

자전 주기(화성의 하루):
24시간 39분

지름:
6780km

밀도:
물의 **3.9배**

질량:
지구의 **0.1배**

온도:
평균 기온은 **-63°C**, 최저 **-140°C**에서 최고 **20°C**까지

위성:
2개
(포보스, 데이모스)

고리:
없음

화성에 **액체 상태의 물이** 존재한다는 증거가 있어요.

10 화성
붉은 행성

지구형 행성 중 마지막 행성인 화성은 지름이 지구의 절반, 부피는 1/8에 불과해요. 화성은 붉은 행성이라고 불리는데, 암석에 섞인 철이 녹이 슬어 표면이 불그스름하기 때문이지요. 화성은 인간이 지금까지 가장 많이 탐사한 행성인데, 대부분 로봇을 사용해서 탐사를 했어요. 인간이 직접 화성에 갈 날도 멀지 않았어요.

화성에 생명체가 존재할까?

화성의 극 지역에 물이 언 얼음이 있다는 사실이 알려져 있고, 지하에는 액체 상태의 물이 존재할 가능성도 있어요. 과학자들은 지금 화성에 생명체가 존재할 가능성은 없다고 생각하지만, 기온이 더 따뜻하고 표면에 물이 흘렀던 과거에는 생명체가 존재했을지도 몰라요.

전쟁의 신

화성을 영어로 마스(Mars)라고 하는데, 로마 신화에 나오는 전쟁의 신 마르스에서 딴 이름이에요. 고대 로마인은 화성의 붉은색을 핏빛으로 생각해 화성에 전쟁의 신 이름을 붙였지요. 화성의 두 위성인 **포보스**와 **데이모스**는 1877년에 발견되었어요. 포보스와 데이모스는 그리스 신화에 나오는 전쟁의 신 아레스(로마 신화의 마르스에 해당하지요.)의 두 아들이에요. 과학자들은 우주 공간을 떠돌던 **소행성**이 화성의 중력에 붙들려 위성이 되었다고 생각해요.

화성의 구조

화성의 내부 구조는 지구와 아주 비슷해요. 반지름 약 1800km의 핵 주위를 그보다 얇은 맨틀이 둘러싸고 있어요. 핵의 주성분은 철과 니켈과 황이고, 맨틀은 녹은 암석으로 이루어져 있어요. 맨틀 바깥쪽에는 두께 10~50km의 지각이 있는데, 주요 성분은 철과 마그네슘, 알루미늄, 칼슘, 칼륨이에요. 화성에는 **옅은 대기**가 있는데, 대부분 이산화탄소로 이루어져 있고 산소는 아주 적어요.

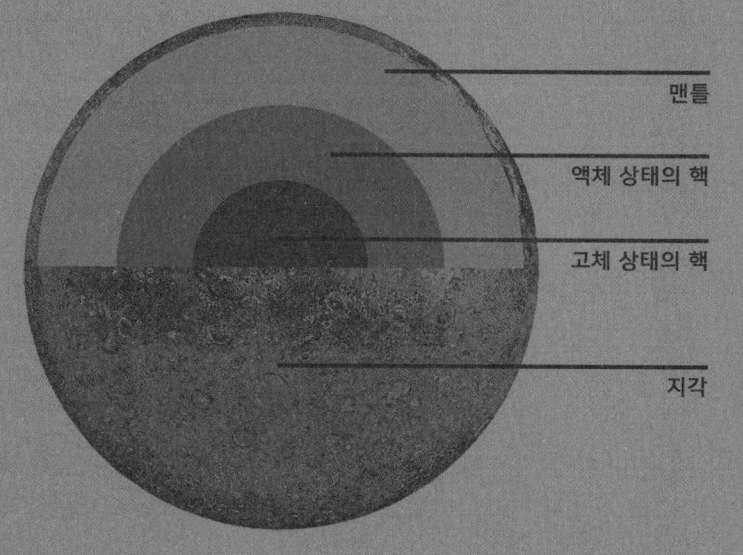

- 맨틀
- 액체 상태의 핵
- 고체 상태의 핵
- 지각

차가운 사막

화성 표면은 여러 가지 색을 띠고 있지만, 주된 색은 표면을 뒤덮고 있는 불그스름한 색이에요. 이 색은 표면을 뒤덮고 있는 많은 양의 철에서 나와요. 화성 표면에는 차가운 사막이 끝없이 펼쳐져 있고, 곳곳에 사화산이 널려 있어요. 그리고 강한 먼지 폭풍이 자주 일어나지요.

올림포스산은 화성에서 가장 큰 화산이에요. 올림포스산은 지구에서 가장 높은 산인 에베레스트산보다 세 배나 높아요. 거대한 협곡과 깊게 파인 틈도 있는데, 수백만 년 전에 흐른 용암과 물의 강이 만들어 낸 지형이에요.

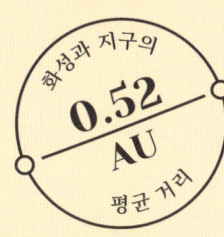

화성과 지구의 **0.52 AU** 평균 거리

11 소행성대

> 소행성은 지나가는 **행성의 중력에 영향을 받아** 소행성대를 벗어날 수 있어요.

약 45억 년 전에 태양계의 행성들과 위성들이 만들어질 때, 거기에 합쳐지지 않고 남은 물질도 많았는데, 이것들 역시 태양 주위를 돌았지요. 암석과 금속, 얼음으로 이루어진 이 물체들이 소행성과 혜성과 기타 천체가 되어 여전히 태양 주위를 돌고 있어요. 소행성대에는 소행성이 100만 개 이상, 혜성이 3700개 이상 있어요.

소행성대와 지구의 평균 거리 1.7 AU

넓지만 듬성듬성한 띠

소행성대는 **화성 궤도와 목성 궤도 사이**에서 소행성이 많이 모여 있는 지역이에요. 소행성대는 지구형 행성과 목성형 행성 사이의 경계에 해당하는 위치에 있어요. 일부 소행성은 둥근 모양이지만, 대부분은 불규칙한 모양이에요.

소행성대에는 소행성이 빽빽하게 모여 있지 않아요. 소행성들 사이에는 대개 수백만 km의 간격이 있어요.

일부 소행성은 아주 큰데, 예를 들어 베스타는 지름이 530km나 되어요. 그런가 하면 폭이 1km도 안 될 정도로 아주 작은 것도 많아요. 과학자들은 소행성대에 지름이 1km 이상인 소행성이 100만~200만 개 있을 것이라고 추정해요. 그보다 작은 것은 훨씬 더 많아요.

트로이 소행성군

트로이 소행성군은 **행성과 같은 공전 궤도**를 도는 소행성 무리를 말해요. 같은 공전 궤도를 돌면서도 행성과 충돌하지는 않아요. 가장 큰 트로이 소행성군은 목성과 같은 궤도를 돌아요. 해왕성과 화성에도 트로이 소행성군이 있어요. 심지어 지구에도 작은 트로이 소행성군이 2개 있는데, 지구와 같은 궤도로 태양 주위를 돌고 있어요.

케레스, 가장 큰 소행성

소행성대에서 가장 큰 천체는 케레스예요. 케레스는 지금은 왜소 행성으로 분류되어요.

케레스는 표면에 크레이터들이 널려 있고, 한때 **바다**가 있었을 가능성도 있어요. 케레스는 지구에 가장 가까운 왜소 행성이에요. 케레스는 소행성대에서 두 번째로 큰 천체인 베스타보다 지름이 약 두 배나 커요.

미국항공우주국(NASA)이 보낸 목성 탐사선 주노가 촬영한 **목성의 폭풍들**

천체의 종류:
거대 기체 행성

태양과의 거리:
7억 7830만 km

햇빛이 목성에 도착하는 데 걸리는 시간:
43분

공전 주기(목성의 1년):
4333일

자전 주기(목성의 하루):
9시간 56분

지름:
14만 3000 km

밀도:
물의 1.3배

질량:
지구의 318배

표면 온도:
-148°C
(구름의 윗부분)

위성: **95개** | 고리: **있음**

수성 금성 지구 화성 소행성대 목성 토성 천왕성 해왕성 명왕성
1 AU 5.20 AU 10 AU 20 AU 30 AU 40 AU AU : 천문단위

12 목성
가장 큰 행성

목성과 지구의 **4.20 AU** 평균 거리

영어 이름 주피터는 로마 신화에 나오는 **신들의 왕**에서 땄어요.

목성은 태양계에서 가장 큰 행성이에요. 지름이 지구의 11배나 되지만, 지구와 달리 암석이 아니라 기체로 이루어져 있어요. 목성은 자전 속도가 아주 빠르고, 표면은 소용돌이치는 대기로 뒤덮여 있으며, 대기에는 늘 강한 폭풍이 몰아치고 있어요. 목성은 위성이 아주 많고, 고리도 여러 개 있어요. 다만, 고리의 두께는 이웃 행성인 토성에 비하면 아주 얇아요.

목성의 구름

목성은 **여러 층의 짙은 구름**으로 뒤덮여 있어요. 구름의 주성분은 암모니아와 황, 인, 증기예요. 이 구름들이 불그스름한 색의 밝은 띠를 이루어 목성 특유의 **줄무늬**가 나타나지요. 가장 어두운 띠들이 가장 뜨겁고, 가장 밝은 띠들이 가장 차가워요.

목성의 주요 위성

목성은 위성이 90개 이상이나 있어요. 4대 위성의 이름은 **유로파, 가니메데, 칼리스토, 이오**예요. 4대 위성은 1619년에 이탈리아 천문학자 갈릴레이가 소형 망원경으로 처음 발견했어요. 이 위성들은 목성과는 아주 다른데, 암석으로 이루어져 있고, 표면에 화산과 크레이터도 있어요. 심지어 일부 위성에는 과거에 액체 상태의 바다가 넘실거렸을지도 몰라요.(유로파는 표면이 얼음으로 뒤덮여 있는데, 그 아래에 바다가 있을지도 몰라요.) 가니메데는 태양계에서 가장 큰 위성인데, 심지어 행성인 수성보다도 커요.

목성의 구조

목성의 주요 성분은 수소와 헬륨으로, 태양과 비슷해요. 기체로 이루어진 목성은 지구나 화성과 달리 단단한 표면이 없지만, 두께가 약 3000km나 되는 대기 아래에서 수소는 높은 압력과 낮은 온도 때문에 액체 상태로 존재해요.
일부 과학자들은 목성 내부에 아주 뜨거운 고체 상태 또는 반고체 상태의 핵이 있을 거라고 생각해요. 철과 규산염으로 이루어진 이 핵의 크기는 지구만 한 것으로 추정되어요. 하지만 아직 분명하게 확인된 것은 아니에요.

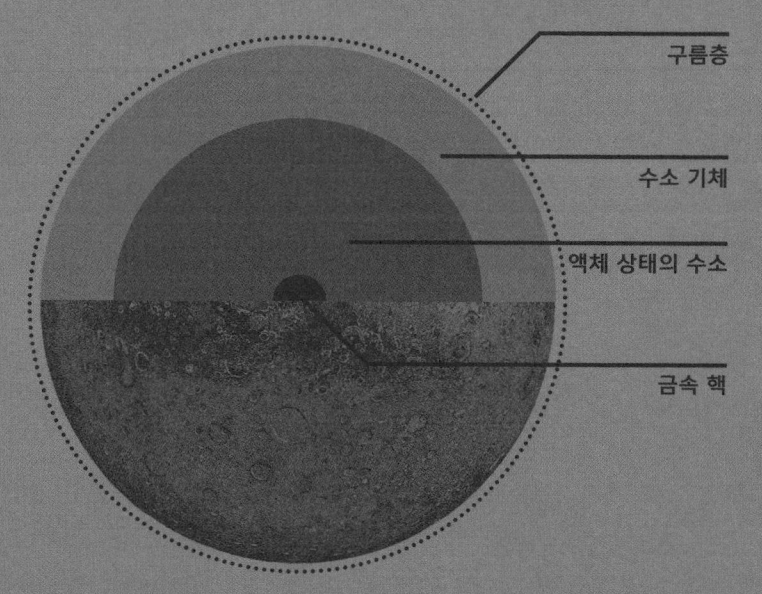

구름층
수소 기체
액체 상태의 수소
금속 핵

목성의 대기

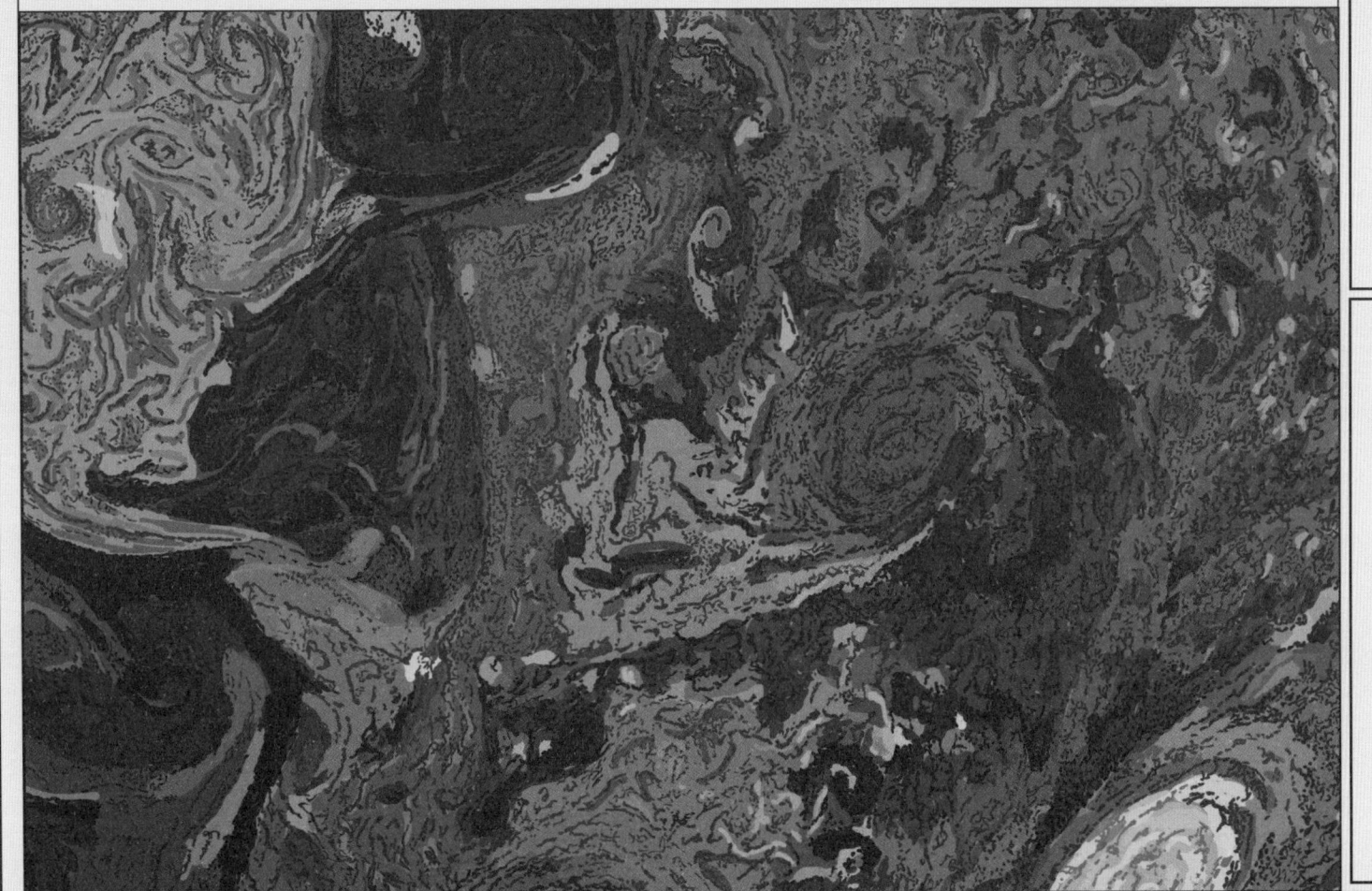

＊ 태양풍: 태양에서 방출되는 입자들의 흐름. 주로 양성자와 전자로 이루어지며, 지구에서는 자기권에 영향을 주어 자기 폭풍이나 오로라 같은 현상을 일으킨다.

그림1
바람과 빛

목성의 북극과 남극 부근에서는 오로라를 볼 수 있어요. 오로라는 태양풍이 목성 대기의 중간층인 성층권의 기체 입자와 충돌하여 발생하는데, 하늘에 신비한 빛이 너울거리는 장관을 만들어 내지요. 목성에서는 시속 1400km가 넘는 바람이 관측되었는데, 지구에서 기록된 가장 강한 토네이도보다 무려 세 배나 빠른 속도예요.

그림2
기체의 움직임

가장 높은 구름층에서는 늘 구름이 요란하게 움직이면서 곳곳에서 번개 섬광이 번득이지요. 이 고층의 구름에는 암모니아 기체가 언 얼음 결정이 포함돼 있어요. 목성 중심부에 가까워질수록 압력은 점점 높아지고 온도는 낮아져요.

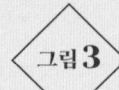

그림3
구름 띠

목성 대기의 낮은 층에는 붉은빛을 띤 흰 구름들이 띠를 이루어 목성 주위를 빙 두르고 있어요. 목성의 빠른 자전 속도 때문에 구름들이 길게 띠를 이루어 뻗어 있는데, 어두운 띠 주위에 밝은 색의 띠가 늘어서 있어요. 수백 년 전부터 대적반이라고 부르는 붉은색의 거대한 점이 목성 '표면'에서 관측되었는데, 대적반은 고체가 아니에요. 과학자들은 처음에는 대적반을 거대한 산이라고 생각했지만, 지금은 수백 년 전부터 시작된 거대한 폭풍 지대로 밝혀졌어요. 대적반의 크기는 지구 면적의 두 배나 되어요.

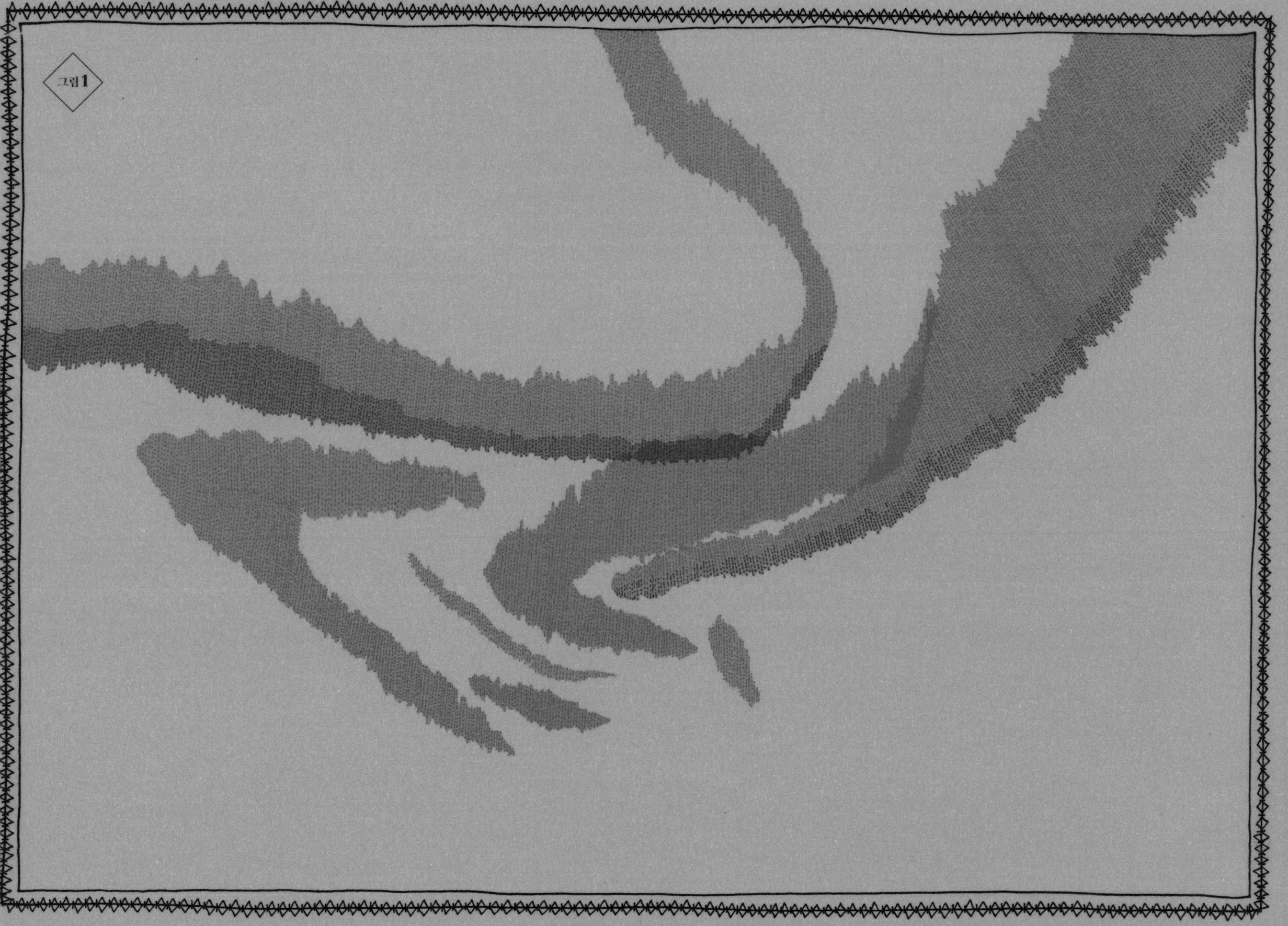

지금까지 네 대의 우주 탐사선이 토성을 방문했어요.

천체의 종류:	태양과의 거리:	햇빛이 토성에 도착하는 데 걸리는 시간:	공전 주기 (토성의 1년):	자전 주기 (토성의 하루):	지름:	밀도:	질량:	표면 온도:	위성:	고리:
거대 기체 행성	14억 km	80분	29년	10시간 33분	11만 6464km	물의 0.68배	지구의 95배	−176°C (구름의 윗부분)	146개	있음

13 토성
고리의 제왕

토성은 태양계에서 두 번째로 큰 행성이자, 태양에서 여섯 번째로 가까운 행성이에요. 지름은 지구의 9배나 되고, 목성처럼 거대 기체 행성이에요. 가장 주목할 만한 특징은 토성 주변을 빙 두르고 있는 고리예요. 암석과 얼음 조각으로 이루어진 고리는 지구에서 쌍안경이나 소형 망원경으로도 볼 수 있어요.

바람과 구름

토성은 **두꺼운 대기**로 뒤덮여 있는데, 구름들이 노란색과 갈색, 회색 띠를 이루어 뻗어 있어요. 토성에서는 아주 **강한 바람**이 부는데, 초속 500m를 넘기도 해요. (지구에서는 아주 강한 허리케인도 시속 100m를 넘는 경우가 드물어요.) 대기의 바깥층은 -176°C 정도로 온도가 매우 낮지만, 안쪽은 온도와 압력이 너무 높아 그 속으로 들어간 탐사선은 모두 파괴되고 말아요.

토성의 고리

토성의 고리 중 폭이 넓어 지구에서 잘 보이는 큰 고리는 7개가 있어요. 발견된 순서대로 알파벳 문자를 이름으로 붙였어요. 맨 먼저 발견된 A 고리, B 고리, C 고리가 가장 커요. D 고리, E 고리, F 고리, G 고리는 훨씬 희미해 나중에 발견되었어요. A와 B 고리를 제외하면 고리들 사이의 간격은 비교적 가까워요. A 고리와 B 고리 사이의 간격은 4700km나 되는데, 이 간격을 발견자의 이름을 따 카시니 간극이라 불러요.

토성의 구조

토성의 구성 성분은 목성과 비슷해요. 기본적으로 수소와 헬륨으로 이루어져 있는데, 바깥쪽에서는 수소와 헬륨이 기체 상태로 존재하지만, 아마도 내부에서는 액체 상태로 존재할 거예요. 토성은 철과 니켈 등의 금속으로 이루어진 고체 핵이 있어요. 토성은 행성 중에서 유일하게 **평균 밀도가 물보다 작아요**. 따라서 만약 토성을 물속에 집어넣는다면, 물 위에 둥둥 뜰 거예요.

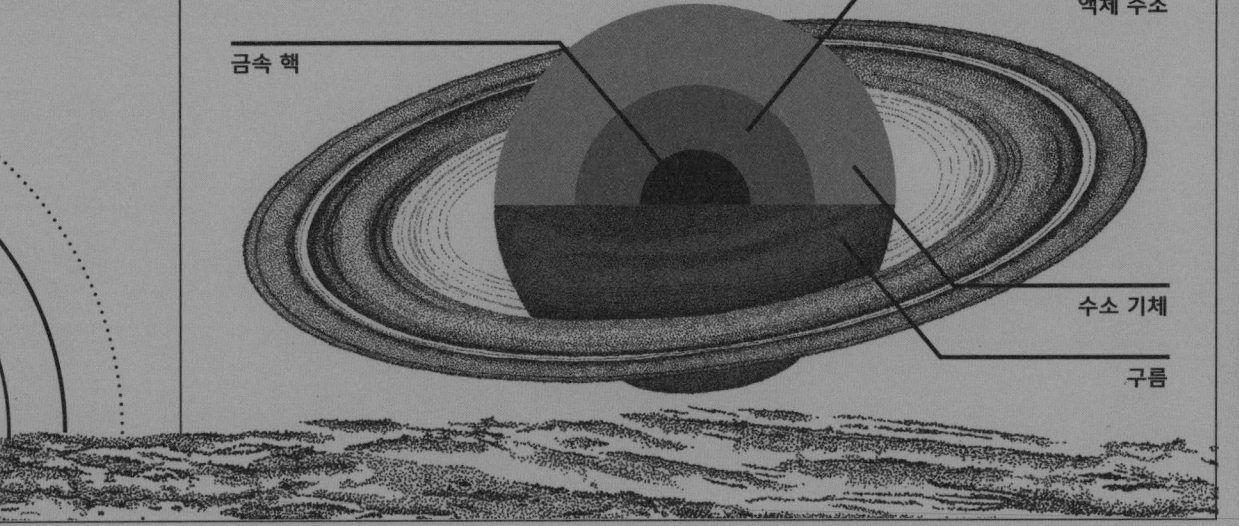

거대한 기체 덩어리

고리가 있는 행성은 토성뿐만이 아니지만, 망원경으로 보면 토성의 고리는 정말 아름답고 신비롭게 보여요. 토성의 고리계는 폭이 약 28만 km나 되는데, 이것은 지구와 달 사이 거리의 3/4에 해당해요. 하지만 고리들은 두께가 1km가 채 안 될 정도로 얇아서 아주 가느다란 원반을 이루고 있어요.

고리들은 토성 주위를 도는 수백만 개의 얼음과 암석 파편으로 이루어져 있어요. 이 파편들은 파괴된 혜성과 소행성, 위성에서 나온 것으로 추정되어요. 파편은 먼지만큼 작은 것이 있는가 하면, 집채만큼 큰 것도 있어요.

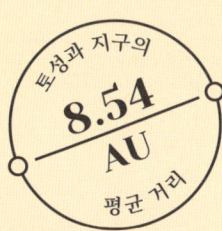

토성과 지구의
8.54 AU
평균 거리

타이탄
토성의 위성

토성에는 위성이 82개 있어요. 일부는 불규칙한 모양의 암석 덩어리이고, 축구 경기장보다 작은 것도 있어요. 반면에 둥근 모양에 폭이 수 km나 되는 것도 있어요. 토성의 가장 큰 위성은 타이탄인데, 행성인 수성보다 크지요. 타이탄은 얼음과 암석으로 이루어진 위성으로, 표면 온도는 -180°C예요. 하지만 지구와 닮은 점이 여러 가지 있다는 점에서 아주 특별한 위성이에요.

천체의 종류:
위성

토성과의 거리:
120만 km

햇빛이 타이탄에 도착하는 데 걸리는 시간:
80분

공전 주기
(토성 주위를 한 바퀴 도는 시간):
16일

자전 주기(타이탄의 하루):
16일

지름:
5149 km

밀도:
물의 1.8배

질량:
지구의 0.0225배

표면 온도:
-180°C

타이탄은 1655년에 네덜란드 천문학자 크리스티안 하위헌스가 발견했어요.

지구를 닮은 위성

태양계의 위성 중 유일하게 **짙은 대기**를 갖고 있고, 대기의 주요 성분은 지구처럼 질소예요. 타이탄에는 구름도 있고, 표면에는 **강과 호수**도 있어요. 하지만 강과 호수에는 물 대신 액체 메테인(메탄)과 에테인(에탄)이 흐르고, 구름도 메테인과 에테인으로 이루어져 있어요. 타이탄에는 비도 내려요! 하지만 얼어붙은 지각 밑에 물로 이루어진 바다가 있을지도 몰라요. 이런 사실들 때문에 타이탄은 태양계에서 **지구와 환경이 아주 비슷한 장소** 중 하나예요. 과학자들은 타이탄의 암석질 핵 주위에 물이 언 얼음층이 둘러싸고 있고, 그 위층에는 액체 상태의 물이 거대한 바다를 이루고 있을지도 모른다고 생각해요. 타이탄 표면은 얼음층 위에 암석과 모래, 액체 상태의 메테인과 에테인이 쌓여 있지요.

타이탄에 생명체가 존재할까?

일부 과학자는 타이탄은 독특한 환경 때문에 **지하 바다에 생명체가 존재할지도** 모른다고 생각해요. 하지만 지금까지 생명체의 존재를 시사하는 증거는 전혀 발견되지 않았어요. 그렇더라도 표면의 메테인과 에테인 호수에 우리에게 알려지지 않은 형태의 **생명체가 존재할 가능성**이 남아 있어요.

영어 이름 우라노스는 그리스 신화의 하늘의 신 이름이에요.

천체의 종류:	태양과의 거리	햇빛이 천왕성에 도착하는 데 걸리는 시간:	공전 주기 (천왕성의 1년):	자전 주기 (천왕성의 하루):	지름:	밀도:	질량:	온도:	위성:	고리:
거대 얼음 행성	29억 km	2시간 40분	84년	17시간 14분	5만 724km	물의 1.27배	지구의 14.5배	-224°C (대기) 4982°C (핵 부근)	27개	13개

수성 금성 지구 화성 소행성대 목성 토성 천왕성 해왕성 명왕성
1 AU 10 AU 19.20 AU 20 AU 30 AU 40 AU AU : 천문단위

14 천왕성
가장 차가운 행성

천왕성은 태양계에서 세 번째로 큰 행성이에요. 천왕성은 대기 온도가 -224°C인 얼음 세계로, 행성 전체를 뒤덮은 아주 차가운 대기와 두꺼운 구름이 특유의 청록색을 나타내지요. 천왕성은 태양계에서 유일하게 옆으로 드러누운 채 자전을 하는 행성이에요. 이웃 행성인 토성보다 태양에서 2배나 먼 거리에 있고, 지구보다는 20배나 더 먼 거리에 있어요. 천왕성에서 바라본 태양은 다른 별들처럼 하늘에서 빛나는 하나의 점으로 보여요.

옆으로 드러누운 행성

천왕성의 가장 큰 특징은 자전축이 거의 90° 가까이 기울어져 있다는 점이에요. 즉, 천왕성은 공전 궤도면에 거의 직각으로 기울어진 채 자전을 해요. 그래서 **계절 변화가 아주 심하게 나타나요**. 천왕성의 절반은 전체 공전 주기(천왕성의 1년) 중 1/4 동안 완전히 캄캄한 어둠 속에 잠겨 21년 동안 기나긴 겨울이 계속되어요. 기울어진 자전축 때문에 지구에서 망원경으로 보면, 시계의 둥근 숫자판처럼 고리가 위아래로 둘러싸고 있고, 고리 사이로 위성들이 도는데 마치 시곗바늘이 도는 듯이 보여요.

문학 작품에서 이름을 딴 위성들

지금까지 천왕성 주위를 도는 위성은 27개가 발견되었어요. 모두 **암석과 얼음**으로 이루어져 있지요. 다른 행성 주위를 도는 위성들은 대부분 신화에서 그 이름을 따 왔지만, 천왕성의 위성들은 윌리엄 셰익스피어와 알렉산더 포프의 작품에 나오는 인물이나 정령의 이름을 땄어요. 예를 들면, 아리엘, 벨린다, 데스데모나, 미란다라는 이름이 붙은 위성이 있지요. 천왕성은 **고리가 13개** 있는데, 크게 두 무리로 나뉘어요. 천왕성에 가까운 고리들은 얇고 어두운 색이지만, 천왕성에서 멀리 떨어진 고리들은 밝은 색을 띠고 있어요.

혜성이냐 행성이냐?

천왕성은 **망원경으로 발견된 최초의 행성**이에요. 하지만 1781년에 천왕성을 망원경으로 처음 본 영국 천문학자 윌리엄 허셜은 그것이 혜성이라고 생각했어요. 그러다가 2년이 지난 뒤에 그 정체가 행성으로 밝혀졌어요. 지금까지 천왕성에 가까이 다가간 탐사선은 딱 한 대뿐이에요. 1986년에 보이저 2호가 9년간의 여행 끝에 천왕성 곁을 지나갔어요.

천왕성의 구조

천왕성은 거대 얼음 행성이에요. 질량의 약 80%를 차지하는 주요 성분은 물과 메테인과 암모니아인데, 표면에서는 얼음으로 존재하지만, 내부에서는 걸쭉한 반죽처럼 **밀도가 높은 액체 상태**로 존재해요. 온도가 약 5000°C에 이르는 중심부에는 작은 암석질 핵이 있어요. 천왕성에는 수소와 헬륨, 메테인으로 이루어진 대기가 있어요.

수소와 헬륨 대기
액체 맨틀
핵
대기 상층부의 구름층

거대 얼음 행성

밖에서 보면 천왕성은 초록빛을 띤 파란색으로 보이는데, 대기에 포함된 메테인 때문에 이런 색이 나타나지요. 메테인은 햇빛 중에서 빨간색 빛을 흡수하고 파란색 빛을 반사하거든요. 대기 아래의 천왕성은 완전히 꽁꽁 얼어붙은 세계예요.

천왕성은 아주 차갑고 바람이 강해요. 대기 중의 온도는 −224°C까지 내려가고, 바람은 시속 900km로 불어요. 이렇게 극심한 온도와 최대 100기압에 이르는 대기압 때문에 천왕성에서는 우주 탐사선이 오래 버틸 수 없어요.

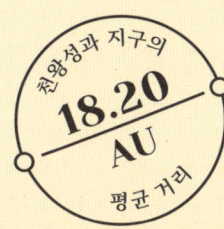

천왕성과 지구의
18.20
AU
평균 거리

천체의 종류:
거대 얼음 행성

태양과의 거리:
44억 9700만 km

햇빛이 해왕성에 도착하는 데 걸리는 시간:
4시간

공전 주기(해왕성의 1년):
165년

자전 주기(해왕성의 하루):
16시간

지름:
4만 9244 km

밀도:
물의 **1.6**배

질량:
지구의 **17**배

온도:
−214°C
(평균 온도)

위성: **14개** | 고리: 있음

해왕성은 함께 태양계 바깥쪽에 위치한 이웃 행성인 **천왕성**과 아주 비슷해요.

15 해왕성
가장 먼 곳에 있는 행성

영어 이름 넵튠은 로마 신화에 나오는 바다의 신에서 땄어요.

해왕성은 태양계에서 가장 바깥쪽에 있는 행성이에요. 태양에서 약 45억 km(태양과 지구 사이 거리의 30배가 넘어요.)나 떨어져 있어 태양의 빛과 열이 거의 닿지 않아요. 이웃 행성인 천왕성처럼 해왕성은 초록빛을 띤 파란색의 거대 얼음 행성이에요. 초음속으로 부는 바람은 시속 2000km에 이르러 지구에서 가장 강한 바람보다 9배나 빨라요. 다른 목성형 행성처럼 해왕성도 위성이 여러 개 있고, 고리도 6개가 있어요. 고리는 먼지와 얼음과 암석으로 이루어져 있지만, 아주 얇아서 잘 보이지 않아요.

보이지 않는 행성

해왕성은 태양계에서 유일하게 맨눈으로 볼 수 없는 행성으로, 망원경의 도움을 받아야 볼 수 있어요. 이상하게 들릴지 모르지만, 해왕성은 망원경으로 직접 발견하기 전에 **수학 계산을 통해 그 존재가 드러났어요.** 그리고 그 계산을 바탕으로 탐색에 나선 천문학자들이 마침내 1846년에 해왕성을 발견했지요. 지금까지 해왕성을 방문한 탐사선은 앞서 천왕성을 방문했던 보이저 2호뿐이에요. 보이저 2호는 1989년에 해왕성 옆을 지나갔는데, 그러고 나서 태양계 너머의 저 먼 우주 공간으로 사라져 갔어요.

가장 긴 1년

해왕성은 태양에서 너무 멀리 떨어져 있어 궤도를 한 바퀴 도는 데 165년이 걸려요. 이렇게 여행 시간이 오래 걸리다 보니 해왕성은 발견된 이래 태양 주위를 겨우 한 바퀴만 돌았어요. 지구처럼 해왕성에도 계절 변화가 일어나지만, 한 계절이 지나려면 지구 시간으로 40년이 걸리지요!

해왕성의 구조

해왕성의 구조는 천왕성과 아주 비슷해요. 행성을 이루는 물질 중 대부분(약 80%)은 걸쭉한 액체 상태의 물과 메테인과 암모니아가 차지해요. 중심부에는 지구와 비슷한 크기의 작은 암석질 핵이 있어요. 그 주위에는 밀도가 높은 구름층 대기가 둘러싸고 있는데, 메테인과 헬륨, 소량의 수소로 이루어져 있어요.

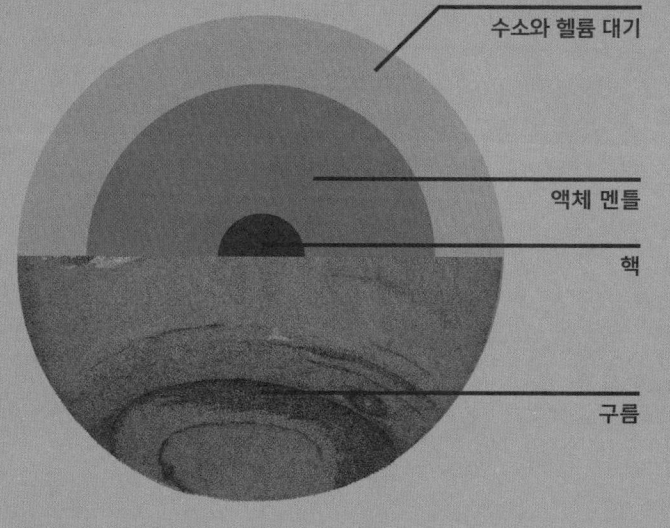
수소와 헬륨 대기 / 액체 맨틀 / 핵 / 구름

캄캄한 얼음 세계

밖에서 보면, 해왕성 표면에 반점처럼 생긴 부분이 여기저기 있어요. 사실 이것들은 격렬한 폭풍으로, 목성의 대기에 나타나는 것과 비슷해요. 그중에서 가장 큰 것은 지구만 한 크기였는데, 1989년에 발견되어 대흑반이란 이름이 붙었어요. 이것은 지금은 사라졌어요.

해왕성은 탐사가 제대로 되지 않은 행성 중 하나예요. 과학자들은 만약 해왕성의 대기로 들어가면, 두꺼운 구름층을 지나가야 하는데, 구름은 점차 얼음으로 변해 갈 것이라고 이야기해요. 그리고 아주 깊이 내려가면, 물과 암모니아와 메테인이 걸쭉하고 뜨거운 액체 상태로 변한 곳에 이르게 될 거예요.

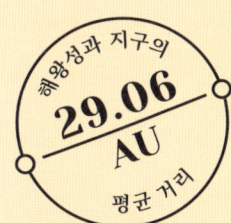

해왕성과 지구의
29.06
AU
평균 거리

해왕성 앞에 있는 **트리톤**의 모습

천체의 종류:
위성

해왕성과의 거리:
35만 4759km

공전 주기
(해왕성 주위를 도는 데
걸리는 시간):
5일 **21**시간

자전 주기
(트리톤의 하루):
5일 **21**시간

지름:
2700km

밀도:
물의 **2**배

질량:
지구의 **17.15**배

온도:
−235°C

트리톤
해왕성의 가장 큰 위성

트리톤과 지구의 평균 거리
29.05 UA

트리톤은 해왕성의 위성 14개 중에서 가장 커요. 해왕성의 영어 이름 넵튠은 로마 신화에 나오는 바다의 신이기 때문에, 위성들에는 다른 바다의 신들과 요정들의 이름이 붙었어요. 예를 들면, 트리톤은 그리스 신화에서 바다의 신인 포세이돈의 아들이에요. 트리톤은 크기가 달과 비슷하지만, 독특한 특징이 몇 가지 있어요. 트리톤은 모행성인 해왕성과 반대 방향으로 자전하며, 얼음 세계인데도 화산이 있어요. 과학자들은 이 수수께끼를 푸는 데 애를 먹고 있지요.

다른 세계에서 온 방문객?

태양계의 나머지 큰 위성들과 달리 트리톤은 모행성인 **해왕성과 정반대 방향으로 자전**을 해요. 이것은 트리톤이 해왕성과 동시에 태어나지 않았다는 것을 말해 주어요. 대신에 트리톤은 오래전에 태양계의 다른 곳, 예컨대 더 먼 카이퍼대에서 왔다가 **해왕성의 중력에 붙들려** 위성이 되었을 가능성이 높아요.

얼음과 기체

트리톤은 태양계에서 온도가 가장 낮은 천체예요. 얼어붙은 질소로 뒤덮인 표면이 햇빛을 반사해 특유의 차가운 빛을 내지요. 30여 년 전에 보이저 2호는 트리톤의 표면에 **간헐천**이 있으며, 거기서 얼음 물질이 분수처럼 8km 높이까지 뿜어져 나오는 장면을 발견했어요. 이것은 트리톤에 **화산 활동**이 일어난다는 것을 보여 주었는데, 얼어붙은 위성에서 이런 일이 일어난다는 것은 아주 이례적이지요. 이 때문에 얼음 아래에 액체 상태의 물로 이루어진 바다가 있을 가능성이 있어요.

16 왜소 행성

태양계에는 8개의 행성 외에 그보다 작은 왜소 행성이 여러 개 있어요. 그중에서 가장 유명한 것은 명왕성인데, 2006년까지만 해도 명왕성은 아홉 번째 행성으로 인정받았어요. 그런데 명왕성과 비슷한 천체가 여럿 발견되자, 과학자들은 '왜소 행성'이라는 새로운 분류 집단을 만들어 이 천체들을 여기에 집어넣기로 결정했지요. 지금까지 왜소 행성으로 인정받은 천체는 모두 5개이지만(명왕성 외에 케레스, 에리스, 마케마케, 하우메아), 앞으로 더 많은 천체가 왜소 행성으로 인정받을 가능성이 높아요.

행성의 조건

2006년에 국제 천문 연맹은 행성의 조건 세 가지를 다음과 같이 정했어요.

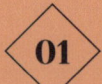

01
태양 주위의 궤도를 돌아야 한다.

02
둥근 모양을 가질 만큼 질량이 커야 한다.

03
그 궤도가 (그 위성을 제외하고는) 완전히 깨끗해야 한다. 다시 말해서, **그 궤도가 다른 행성의 궤도와 겹쳐서는 안 된다**.

명왕성은 처음 두 조건을 만족하지만, 세 번째 조건을 만족하지 못해요. 그 궤도가 해왕성의 궤도와 겹치기 때문이지요. 그래서 **명왕성**은 이제 행성의 자리에서 내려와 왜소 행성으로 분류되어요.

명왕성은 카이퍼대에서 궤도를 도는 왜소 행성이에요. 카이퍼대는 해왕성 너머에서 궤도를 도는 천체들이 모여 있는 지역이에요.

명왕성
도처에 산이 널린 천체

명왕성은 얼음과 암석으로 이루어져 있고, 크기는 달보다 작아요. **지구보다 태양에서 약 40배 먼 거리**인 카이퍼대에 있어요. 1930년에 처음 발견되었을 때, 명왕성은 태양에서 가장 멀리 떨어진 행성으로 인정받았지만, 2003년에 더 먼 곳에서 세드나라는 비슷한 천체가 발견되었어요. 명왕성은 꽁꽁 얼어붙은 세계로, 여기저기에 **얼음산**이 2000~3000m 높이로 우뚝 솟아 있어요. 또, 계곡과 거대한 평원과 큰 크레이터도 있어요. 심지어 가끔 눈도 내려요!

명왕성에는 **아주 엷은 파란색의 대기**가 있는데, 대기의 주요 성분은 질소와 메테인, 일산화탄소예요. 내부에는 암석질 핵이 있고, 그 주위를 얼어붙은 물로 이루어진 맨틀이 둘러싸고 있는 것으로 보여요

특이한 궤도

명왕성은 태양 주위를 한 바퀴 도는 데 248년이 걸려요. 그 궤도는 아주 길쭉한 타원이고, 다른 행성들의 공전 궤도면에서 많이 기울어져 있어요. 게다가 명왕성은 태양과의 거리가 일정하지 않고 들쭉날쭉 변해요. 그래서 때로는 해왕성보다 태양에 더 가까워지기도 해요.

명왕성과 지구의 **38.50 AU** 평균 거리

천체의 종류:
왜소 행성

태양과의 거리:
58억 km

햇빛이 명왕성에 도착하는 데 걸리는 시간:
5시간 30분

공전 주기(명왕성의 1년):
248년

자전 주기(명왕성의 하루):
153시간(약 6일)

지름:
2380 km

밀도:
물의 1.85배

질량:
지구의 0.0022배

온도:
-228~-238°C

위성:
5개

고리:
없음

명왕성에는 위성이 5개 있어요. 가장 큰 위성은 카론으로, 지름이 명왕성의 절반만 해요.

17 태양계의 가장자리

우주 탐사선이 **오르트 구름**까지 가려면 약 300년이 걸려요.

해왕성 너머에는 카이퍼대가 있어요. 이곳에는 명왕성과 에리스, 하우메아, 마케마케를 포함한 왜소 행성이 있고, 그 밖에도 암석과 얼음으로 이루어진 천체가 수십억 개나 있어요. 이 천체들은 아주 긴 궤도를 따라 태양 주위를 도는데, 한 바퀴 도는 데 500년이 걸리는 것도 있어요. 카이퍼대에서 더 밖으로 나가면, 태양계 가장자리에 오르트 구름이 빙 둘러싸고 있는데, 이곳에는 작은 얼음 천체들이 무수히 모여 마치 둥근 껍데기처럼 태양계를 감싸고 있어요. 많은 혜성이 바로 이곳에서 날아와요.

그림1 카이퍼대

카이퍼대는 해왕성 너머부터 시작해 수십억 km나 뻗어 있어요. 카이퍼대와 태양 사이의 거리는 지구와 태양 사이의 거리보다 40배나 더 멀어요. 카이퍼대에는 명왕성 같은 왜소 행성을 비롯해 다양한 소행성 집단이 모여 있으며, 이들은 모두 태양 주위의 궤도를 돌고 있어요. 암석과 얼음으로 이루어진 이 천체들은 태양계가 생성될 때 행성에 합쳐지지 않고 남은 것들이에요. 이 중에는 아주 작은 것도 있지만, 폭이 100km가 넘을 정도로 큰 것도 있어요.

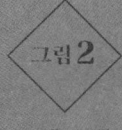

그림2 혜성

혜성은 주로 먼지와 얼음으로 이루어져 있고, 길쭉한 타원 궤도로 태양 주위를 돌아요. 그러다 보니 혜성은 태양에서 아주 멀리 떨어진 곳에서 많은 시간을 보내요. 오르트 구름의 많은 혜성은 궤도를 한 바퀴 도는 데 수천 년 혹은 심지어 수백만 년이 걸리기도 해요. 혜성은 태양에 가까워지면, 뜨거운 열에 일부 물질이 증발하면서 밝은 빛의 긴 꼬리를 끌지요. 지금까지 관측되어 기록된 혜성은 3700여 개이지만, 과학자들은 태양계에 혜성이 수십억 개나 있을 것이라고 생각해요.

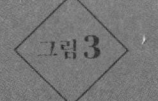

그림3 오르트 구름

태양계에서 가장 바깥쪽에 위치한 오르트 구름은 태양계와 외부 우주 공간의 경계를 이루고 있어요. 오르트 구름은 태양에서 너무 멀리 떨어져 있어 햇빛이 오르트 구름의 안쪽 경계(지구에서 가장 가까운 곳)까지 가는 데 10~28일이나 걸려요. 그리고 오르트 구름은 아주 광대한 공간에 걸쳐 뻗어 있어 햇빛이 그것을 지나가는 데에는 약 1년 반이 걸려요.

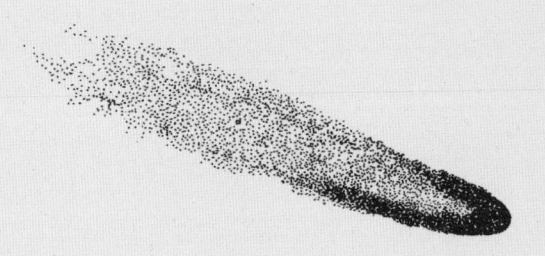

먼 옛날부터 인류는 우리 세계 밖에 무엇이 있는지 찾기 위해 하늘을 살폈어요. 시간이 지나면
서 우리는 태양계라는 작은 우주 지역에 존재하는 이웃들에 대해 많은 것을 알게 되었
어요. 붉은색과 초록색과 파란색의 이 행성들 중에는 고리가 있거나 위성을 거느
린 것도 있고, 사막 같은 세계나 얼음 세계도 있으며, 거대한 화산이 솟아
있거나 초강력 폭풍이 몰아치는 곳도 있지요. 이 행성들은 제각각
독특하고 흥미로운 세계예요. 하지만 우리는 이 중 어느 곳
에서도 살 수가 없어요. 우리가 사는 곳은 지구인데,
지금까지 생명체가 산다고 알려진 곳은 오
직 이곳밖에 없어요. 지구를 잘 보살
펴야 할 중요한 이유가 바로
이것이지요.

이 책은 ALMA 천문대와 안토니오 헤일스 박사의 도움으로 나올 수 있었습니다.

아타카마 대형 밀리미터 집합체
ALMA
(ATACAMA LARGE MILLIMETER ARRAY)

아타카마 대형 밀리미터 집합체(ALMA)는 세상에서 가장 큰 전파 망원경 집합체로, 유럽(유럽남방천문대)과 북아메리카(미국국립전파천문대)와 동아시아(일본국립천문대) 간 국제 협력의 결과로 탄생했어요. 이 세 기관이 칠레 정부와 협력해 이 천문대를 만들었지요. 그 운영에는 유럽, 미국, 일본 외에 캐나다, 대만, 한국, 칠레도 참여해 협력하고 있습니다. 칠레는 하늘을 관측하기에 이상적인 장소인데, 세계 각지에서 온 과학자들은 아타카마 사막을 우주 관측의 이상적인 장소로 선정했어요. ALMA는 초정밀 안테나 66개로 이루어진 대형 전파 망원경으로, 천문학자와 공학자가 이 망원경을 사용해 우주를 탐구하면서 그 수수께끼를 풀고 있습니다.

안토니오 헤일스

안토니오 헤일스 박사는 런던대학교에서 천체물리학 박사 학위를 받고 지금은 미국국립전파천문대에서 과학자로 일하는 동시에 ALMA에서 배열 성능 그룹 책임자로 일하고 있어요. 헤일스는 천체물리학 연구뿐만 아니라, 과학 대중화에도 힘쓰고 있으며, 음악과 음향과 문학을 통해 예술과 과학의 상호 작용도 탐구하고 있어요. 천체물리학 분야에서는 행성의 기원에 초점을 맞춰 연구하고 있어요. 최근에 발표한 논문들에서는 초기의 원시별에서부터 행성이 탄생할 때까지 행성계가 생성되는 동안 기체와 먼지가 어떻게 진화했는지를 주제로 다루었어요. 그의 연구는 ALMA 같은 천문 관측 시설에서 이룬 관측을 바탕으로 하고 있으며, 유체 역학과 복사 전달 시뮬레이션 같은 이론적 모형도 포함하고 있어요.
예술과 과학, 과학 대중화와 교육이 겹치는 지점에서 활동하는 헤일스는 대중에게 천문학 지식을 널리 알리도록 설계된 프로젝트를 감독하고 직접 거기에 참여하기도 했어요. ALMA 음향 프로젝트 배후에서 학제 간 팀을 이끄는 과학 부문 지도자이기도 하고, 소수 집단 출신의 대학생들에게 천문학 분야에서 연구할 기회를 제공하기 위한 칠레의 대학생 연구 경험 프로그램을 직접 이끌고 있어요.

이 책의 일러스트레이션에 대해

수천 년 동안 인류는 우주를 설명하기 위해 하늘을 연구해 왔어요. 모든 문화권에서 사람들은 자신이 본 것에 상상력을 가미했고, 시간이 지나면서 물리학자와 수학자와 천문학자가 하늘을 관측하는 도구를 완성시켰어요. 이 책은 일반 대중에게 천문학을 널리 확산시키는 데 큰 역할을 한 19세기의 일러스트레이션에 경의를 표하는 작품이기도 합니다. 우주를 연구하는 정교한 장비가 부족하던 시절에 화가들은 놀라운 해석 능력을 발휘하면서 현실과 환상을 절묘하게 결합해 우주를 묘사했습니다.

아이나 베스타르드의 일러스트레이션에 사용된 그래픽과 도상은 19세기의 놀라운 인쇄물과 그림에서 영감을 얻었습니다. 베스타르드의 일러스트레이션은 그 인쇄물들의 선과 점, 망판 기법을 차용했고, 장식 테두리는 고전적인 파노라마 그림을 연상시킵니다.
이 책의 일러스트레이션은 때로는 과학적 엄밀성을 뛰어넘는 예술적 요소를 지니고 있습니다. ALMA(아타카마 대형 밀리미터 집합체)의 관측을 통해 발견한 사실들은 최근의 과학적 발견을 반영한 최신 정보를 제공합니다.

미레이아와
그동안 우리가 함께
만들려고 노력해 온 책들의
작은 행성계에 이 책을 바칩니다.

아이나 베스타르드

지은이 아이나 베스타르드(Aina Bestard)
일러스트레이터이자 텍스타일 디자이너입니다. 어렸을 때 제도공인 할아버지에게 그림을 배우고 대학에서 그래픽 디자인을 공부했습니다. 미로 진스, 캠퍼 슈즈, 비알리스 등을 위한 디자인도 하였고, 지금은 그림책 작가로 활동하고 있습니다. 그의 작품은 전 세계에서 출간되고 있는데 특히 14개 언어로 출간된 《사라진 지구의 풍경》은 볼로냐국제아동도서전 라가치상 논픽션부문 스페셜멘션 수상작이자, 소시에르상, 나바라서점상을 받았습니다. 수십 억 년의 시간 속에서 사라진 지구의 풍경을 아름다운 일러스트레이션으로 풀어낸 전작과 짝을 이루는 이 책 《태양계의 경이로운 풍경》은 ALMA의 과학적 성과에 바탕해 태양계에 속한 여러 천체의 놀라운 모습을 생생하게 보여 줍니다.

옮긴이 이충호
서울대학교 사범대학 화학과를 졸업하고, 교양 과학과 인문학 분야의 번역가로 활동하고 있습니다. 2001년 《신은 왜 우리 곁을 떠나지 않는가》로 제20회 한국과학기술도서 번역상을 받았습니다. 옮긴 책으로 《이야기 파라독스》 《진화심리학》 《사라진 스푼》 《경영의 모험》 《통제 불능》 《뇌과학자들》 《잠의 사생활》 《천 개의 태양보다 밝은》 《1001마리 개미》 등이 있습니다.

태양계의 경이로운 풍경 행성과 위성, 태양계의 가장자리까지

초판 1쇄 발행 2023년 10월 10일 | 아이나 베스타르드 지음 | 이충호 옮김 | 편집 장원정 | 디자인 장승아 | 펴낸이 권종택 | 펴낸곳 (주)보림출판사 | 출판등록 제406-2003-049호 | 주소 10881 경기도 파주시 광인사길 88 | 홈페이지 www.borimpress.com | 인스타그램 @borimook | 전화 031-955-3456 | 팩스 031-955-3500 | ISBN 978-89-433-1568-9 77450

Paisajes desconocidos del sistema solar by Aina Bestard | Original edition © 2022 Zahorí Books, Barcelona | Korean edition © 2023 Borim Press, Gyeonggi-do | All rights reserved. | Korean translation rights arranged with Zahorí Books through Orange Agency.

이 책의 한국어판 저작권은 저작권사와 독점 계약을 맺은 (주)보림출판사에 있습니다. 이 책은 저작권법에 따라 보호받고 있으므로 이 책 내용의 일부나 전부를 옮겨 싣거나 다시 쓰려면 반드시 저작권자와 출판사 양쪽의 허락을 받아야 합니다.

⚠주의: 책 모서리가 날카로우니 던지거나 떨어뜨리지 않도록 조심하세요(사용 연령 3세 이상).